U0906342

浙江省2015年度高等教育教学改革研究项目“课程改革”项目
教育部2016年度高校思想政治课教学方法改革项目“择优推广计划”项目

QIGE JIEHE
XUESHENG SHIYE

“七个结合” 学生视野

浙江大学“概论”课综合改革方案及部分成果

傅夏仙 ◎主编

图书在版编目（CIP）数据

“七个结合”学生视野：浙江大学“概论”课综合改革方案及部分成果／傅夏仙主编. —杭州：浙江大学出版社，2017.4

ISBN 978-7-308-16659-1

Ⅰ.①七… Ⅱ.①傅… Ⅲ.① 毛泽东思想－教学研究－高等学校 Ⅳ.①A84

中国版本图书馆 CIP 数据核字（2017）第 020773 号

“七个结合” 学生视野

——浙江大学“概论”课综合改革方案及部分成果

傅夏仙　主编

策划编辑　徐　霞
责任编辑　杨利军
文字编辑　陈　翩
责任校对　沈巧华　夏斯斯
封面设计　春天书装
出版发行　浙江大学出版社
（杭州市天目山路 148 号　邮政编码 310007）
（网址：http://www.zjupress.com）
排　　版　杭州中大图文设计有限公司
印　　刷　杭州日报报业集团盛元印务有限公司
开　　本　710mm×1000mm　1/16
印　　张　15
字　　数　251 千
版 印 次　2017 年 4 月第 1 版　2017 年 4 月第 1 次印刷
书　　号　ISBN 978-7-308-16659-1
定　　价　42.00 元

浙江大学出版社发行中心联系方式：0571－88925591；http://zjdxcbs.tmall.com

前　言

人是怎样学习的？很长一段时间以来，人们不断在思考这一问题，哲学家、心理学家、教育学家围绕这一主题发表了不同的见解。

20 世纪上半叶，行为主义学习理论强调“学习是反应的强化”。按照这一观点，学习者是奖励与惩罚的被动接受者，而教师则是奖励与惩罚的施予者，教学设计的目标就是通过一定的重复训练让大多数学生可以学得更好。

20 世纪六七十年代，由于认知心理学的发展，心理学家将计算机中信息的符号形式等同于人的知识，将基于计算机符号的计算运作等同于人的认知，“学习是知识的获得”这一观点逐步占据主流。按照这一学习观，学习者是信息加工者，教师被视作信息的提供者，为此，教师应该具有丰富的知识，学生则是一个空的容器，知识由教师传递给学生，通过学业成绩考核就可以确定学生学到多少知识。

20 世纪八九十年代，建构主义开始强调“学习是知识的建构”“学习是知识的社会协商”。这类观点强调学习者是在探索理解的过程中建构自己的知识，认为学习不是简单的信息输入、储存和提取的过程，也不是简单的信息收集。知识无法通过教学过程直接灌输给学习者，他们必须主动参与整个学习过程，根据自己先前的经验，与他人协商、会话、沟通，在交互质疑的过程中建构知识。此外，对学习的评价也不是以学习者记住知识的多少来衡量，而是以学习中主动参与的程度、协作学习的能力与贡献、意义建构的水平等因素来综合衡量。

学习是经常需要与他人互动的，学习伴随着自我意识、反思和其他的认知过程。学生不再只是外界刺激的被动接受者，而是知识意义的主动建构者，尤其是在信息大爆炸的互联网时代，学生获得知识的途径并不少于教师。学习理论的发展和变迁不断影响着教育者的教育理念，进而改变着他们的教学方法。

教师不能只是知识的传授者、灌输者,而应该是教学过程的组织者、指导者和意义建构的引领者。

高校思想政治理论课不同于一般的通识课和专业课,它是我国意识形态宣传的主阵地,是影响大学生世界观、人生观、价值观的主渠道。

作为高校思想政治理论课中内容体系最为庞大、理论与实践结合最为紧密的课程,“毛泽东思想和中国特色社会主义理论体系概论”(以下简称“概论”)课综合改革的目的就是“为了帮助大学生系统掌握中国化马克思主义的形成发展、主要内容和精神实质,不断增强中国特色社会主义道路自信、理论自信、制度自信,坚定中国特色社会主义理想信念”①。

如何有效实现这一目标?全国各高校都在不断探索。近年来,浙江大学“概论”课教学改革主要围绕“七个结合”进行,即学生自主学习与团队学习相结合,授课教师实行校内与校外相结合,教学内容实行课堂教学与现场教学相结合,教学形式实行专题讲座与案例教学相结合,教学方式实行大班授课与小班讨论相结合,考评方式实行过程考核与结果考核相结合,考核主体实行教师打分与学生互评相结合。

通过“七个结合”引导学生对学习内容的投入。在综合改革方案中,每一个专题的设计都强调教师的引导和学生的主动参与,学生主动参与的内容主要是教师事前布置的阅读材料和问题设计。教师在授课的过程中不仅注重现实案例的引用,而且在教学过程中,直接要求学生参与教学案例的设计。同时,让学生拥有平等学习的机会和自由分享彼此观点与成果的机会。通过组建小组进行团队共同体式的学习为个人自由表达观点提供机会,不同团队竞争式的发言也对团队学习效能提出了挑战。

在不断探索“概论”课教学改革的过程中,我们秉承“创新、合作、包容、公开”的理念,实现了从学习创新到学习组织创新,从教师单个人的全程讲授转变为教师团队的合作授课,从学生个人单纯的知识记忆转变为学习小组全方位的协作学习;从教师的满堂灌输转变为教师与学生在包容中建构学习的意义;从教师在教学与课程评价中的绝对权威转变为赋予学生更多的自主权,参与课程全方位的管理和评价。

我们的改革成果一方面是对自身工作的一种总结,另一方面也希望能给同行或后来者提供一些借鉴和启示。

---

① 《毛泽东思想和中国特色社会主义理论体系概论》教材编写组.毛泽东思想和中国特色社会主义理论体系概论[M].北京:高等教育出版社,2015.

目 录

上篇 教学改革方案与实施

下篇 学生优秀作品

上　篇

教学改革方案与实施

教学改革方案

一、课程的性质与目的

高校思想政治理论课肩负着“坚定理想信念、巩固共同思想道德基础、壮大主流思想舆论、推动文化传承创新、立足学生全面发展，努力办好人民满意教育”(《关于进一步加强和改进新形势下高校宣传思想工作的意见》)的历史重任。“毛泽东思想和中国特色社会主义理论体系概论”(以下简称“概论”)是四门思想政治理论课中课时数最多、内容最丰富、实践性最强的一门课程。

“概论”课的教学目的，是进一步提高大学生对马克思主义中国化两大理论成果的理解水平，帮助大学生进一步了解国情、省情、民情，增强大学生对中国特色社会主义道路、理论体系和制度的自信。

二、教学改革的内容

教学改革的内容可以用“七个结合”来概括。

(1)学习方式:学生自主学习与团队学习相结合。

(2)授课教师:校内专职教师与校外党政干部相结合。

(3)教学内容:课堂教学与现场教学相结合。

(4)教学形式:专题讲座和案例教学相结合。

(5)教学方式:大班授课与小班讨论相结合。

(6)考评方式:过程考核和目标考核相结合。

(7)考核方式:教师打分与学生互评相结合。

三、教学环节的设计

1.教师教学团队的组成

按照教师教学任务,结合教师专业,组成4～5个教学团队。每个教学团队选出一名负责人,负责所在团队教学任务的安排和协调。

2.学生学习团队的组成

根据班级学生人数,以每组6～10人的规模组成10个左右学习团队。可以采取自愿组队或抽签组队的方式,完成组队任务。

3.教学专题的设计

教学专题的内容主要围绕教材体系进行设计,同时要及时将党的新理念、新思想、新战略推进课堂。目前,一共设置14个专题。

(1)为什么要走中国特色社会主义道路?

(2)当代中国的基本国情和中国特色社会主义的总任务。

(3)改革开放的性质、历程和未来。

(4)当前我国的宏观经济形势与经济政策。

(5)正确处理政府与市场的关系。

(6)新型城镇化与"三农"问题。

(7)当前我国的社会矛盾与社会治理创新。

(8)环境问题与生态文明建设。

(9)习近平治国理政思想。

(10)传统文化与社会主义文化建设。

(11)我国的国际环境与新型大国关系的构建。

(12)台湾问题与祖国完全统一。

(13)反腐倡廉与党的建设。

(14)我国的意识形态安全。

4.党政干部进课堂

每个学期聘请两位党政干部进入课堂举办专题讲座。聘请对象在开学之初确定,时间根据党政干部的要求协调安排。

四、课堂教学的管理

课堂教学环节分为专题教学、随堂讨论、学生展示三部分。教师在每个专题教学开始前一个星期要将本专题的阅读材料和问题发到课程网站(http://

120.133.5.30/gailunke//default.php)上去，也可由各团队另设公共邮箱，供学生提前阅读和思考。

专题教学时间为2节课，采取大班授课的方式，授课教师按照所在教学团队的安排授课。

随堂讨论在专题教学环节结束15分钟后进行，各学习小组(已经提前阅读过相关材料)先进行讨论，再派出代表依次上台发言，专题授课教师负责给发言小组评分。

学生展示是各学习小组展示其团队学习成果，一个学期一共安排两次。第一次展示要求学生围绕14个专题自由选择其中一个专题的部分内容上台展示，人数不限，形式不限；要求制作PPT；时间控制在20分钟以内。第二次展示的是实践教学成果，各小组按照实践教学方案的安排，自由选择实践教学的具体内容，通过PPT将实地调查的案例或问卷调查报告展示出来。两次展示都需要各小组派出评分员参与打分(自己所在的小组展示时不参与评分)，教师也参与打分。在学生展示环节评分结束以后，教师要对本次展示的小组进行点评。第二次展示结束后，各小组要根据教师的点评进行修改，最后以电子文档的形式提交案例或调查报告。

五、成绩评定

课程成绩由平时成绩和期末成绩两部分构成，平时成绩占60%，期末成绩占40%。平时成绩由随堂讨论环节的发言成绩(教师评分)、第一次展示的成绩(教师和学生共同参与评分)、第二次展示的成绩(教师和学生共同参与评分)、案例或调查报告的成绩(教师评分)构成；期末考试为全校统一闭卷考试，采用集中阅卷方式进行。具体比例如表1所示。

教师将平时教学过程中各个环节的分数加总后反馈给各小组，由小组根据组员表现和小组管理规则确定每位组员的具体分数，平均分即为小组平时成绩；所有组员签字同意后上交任课老师。

表1 教学环节及成绩构成总表

<table>
<tr><td rowspan="3">分值</td><td colspan="5">总分100</td></tr>
<tr><td colspan="4">平时成绩(60%)</td><td rowspan="2">期末考试
(40%)</td></tr>
<tr><td>第一次：各专题相关问题阅读、思考
(30%)</td><td>第二次：案例展示
(20%)</td><td>纸质报告
(30%)</td><td>随堂讨论
(20%)</td></tr>
<tr><td>时间</td><td>春(秋)学期
第5～7周</td><td>夏(冬)学期
第3～6周</td><td>夏(冬)学期
第7周</td><td>每次专题
均有</td><td>统考</td></tr>
<tr><td rowspan="2">打分方式</td><td colspan="2">教师打分占50%；
学生小组打分的平均分占50%</td><td>教师打分</td><td>期末教师根据随堂讨论各小组获得的评价打分</td><td rowspan="2">闭卷考试</td></tr>
<tr><td colspan="4">随堂讨论各小组得分、两次汇报与纸质报告成绩之和为小组平时分，各小组内部进行调整，确定每个组员的具体分数</td></tr>
<tr><td>表格</td><td colspan="2">准备阶段：小组填写(小组)讨论记录表
展示阶段：其他组和教师填写小组展示评分表
展示过后：教师填写小组成绩记录表</td><td>无</td><td>小组填写：小组讨论记录表
教师填写：随堂发言评价表</td><td>无</td></tr>
</table>

六、实践教学环节的设计方案

1. 主题

围绕着“中国特色社会主义在浙江”这一主题撰写相关案例，重点是“八八战略”①以后浙江各地的创新举措与基本成效。

---

① “八八战略”是习近平同志担任浙江省委书记时在2003年中共浙江省委第十一届四次全体(扩大)会议上提出的，是引领浙江发展的总纲领，是推进工作的总方略。第一个“八”是指“八个方面的优势”。第二个“八”是指“八个方面的举措”，具体内容包括：(1)进一步发挥浙江的体制机制优势，大力推动以公有制为主体的多种所有制经济共同发展，不断完善社会主义市场经济体制；(2)进一步发挥浙江的区位优势，主动接轨上海、积极参与长江三角洲地区合作与交流，不断提高对内对外开放水平；(3)进一步发挥浙江的块状特色产业优势，加快先进制造业基地建设，走新型工业化道路；(4)进一步发挥浙江的城乡协调发展优势，加快推进城乡一体化；(5)进一步发挥浙江的生态优势，创建生态省，打造“绿色浙江”；(6)进一步发挥浙江的山海资源优势，大力发展海洋经济，推动欠发达地区跨越式发展，努力使海洋经济和欠发达地区的发展成为浙江经济新的增长点；(7)进一步发挥浙江的环境优势，积极推进以“五大百亿”工程为主要内容的重点建设，切实加强法治建设、信用建设和机关效能建设；(8)进一步发挥浙江的人文优势，积极推进科教兴省、人才强省，加快建设文化大省。

2.基本目标

通过实地走访调研，让学生将课堂所学内容与实践相结合，深入挖掘发生在浙江城市和农村的新人物、新做法、新气象，并将这些做法和经验进一步总结与提升，为全国其他地区提供一些借鉴。

同时，形式多样的实践教学活动一方面有助于高校大学生贴近现实，亲身感受改革开放以来浙江在经济、政治、文化、社会、生态和党建等诸多方面的变革与创新，从而更加深入地了解国情、省情和民情；另一方面，由教师带领学生下基层考察与调研并详尽指导学生完成案例，可以进一步加强师生之间的情感交流，促进学生对理论知识的理解和掌握，进而提高课程教学的整体实效。

3.基本原则

所选取的案例必须发生在浙江农村或城市的基层；案例的内容应该具有一定的创新性、启示性；案例的材料最好原创，也可以借鉴一些新闻报道，但必须对材料进行重新编辑或整理并注明出处。鼓励原创性案例，教师对原创性案例在优秀案例的甄选和打分上适当倾斜。考虑到部分专题的特殊性，部分案例可以调查报告的形式提交。

4.团队要求及时间安排

(1)团队要求：学生以小组为单位，各小组合作完成。

(2)时间安排：在春(秋)学期开学后对所有学生进行统一安排。课堂展示时间为夏(冬)学期的第3、4、5、6周，各小组在展示前完成调研、PPT制作及报告的初稿。夏(冬)学期第7周提交正式报告。

5.教师的作用

(1)在团队组成的过程中，教师要有一定的主导性。

(2)在选题过程中，教师要提供一定的帮助。比如帮助学生确定调查的基本方向，提供案例范本，帮助学生完成对案例的撰写。

(3)学生提交报告后，教师要对每篇报告进行评价并选出自己班上优秀的报告，最后完成对报告的编辑工作。

(4)教师可以推荐相关书籍或网站供学生参考。

七、现场教学活动

以自愿报名的方式选取部分学生参加现场教学，教学地点为浙江某县、某镇。聘请当地基层干部现场讲解某一主题，并带领学生进行实地参观与调研。活动时间一般安排在周五。

附录

各专题的案例提示及要求

一、各专题的案例提示

1.为什么要走中国特色社会主义道路

主要围绕中国特色社会主义道路、理论、制度三个视角，挖掘一些富有典型性的案例。

(1)浙江现象:“市场大省”、民营经济发达、电子商务发展迅速、企业家群体众多、创业氛围浓厚等。

(2)浙江经验:政府服务意识强、管理创新不断、社会治理能力较高等。

(3)浙江人物:道德模范、带领大家共同致富的先进人物、优秀的创业者、公益人士等。

2.当代中国的基本国情和中国特色社会主义的总任务

(1)浙江特色综合建设。

(2)浙江发展综合经济的实践。

(3)浙江电子商务发展实践。

(4)“浙商回归”的现象。

3.改革开放的性质、历程和未来

(1)“四个全面”战略布局试点县——浦江。

(2)“世界互联网大会”举办地——桐乡。

(3)浙江如何融入“一带一路”。

4.当前我国的宏观经济形势与经济政策

(1)浙江制造业的发展现状调查。

(2)浙江海洋经济的发展。

(3)浙江网络金融发展实践。

(4)浙江农村“淘宝村”的发展。

5.正确处理政府与市场的关系

(1)浙江加强基层民主建设的实践。

(2)浙江建设法治政府、责任政府、服务型政府的具体实践。

(3)浙江脱贫致富发展的实践。

6.新型城镇化与“三农”问题

(1)浙江城乡统筹发展的做法与经验。

(2)浙江农民收入的主要来源及生活状况。

(3)浙江农村专业合作组织的发展情况。

(4)浙江美丽乡村建设。

7.当前我国的社会矛盾与社会治理创新

(1)法治浙江建设实践。

(2)城市社区的居家养老模式、老年食堂创办情况。

(3)农村老年食堂的创办及效果等。

(4)外来流动人口的有效治理。

8.环境问题与生态文明建设

(1)绿水青山怎样变成金山银山。

(2)城市社区垃圾分类问题研究。

(3)农村垃圾分类的实施情况。

(4)浙江美丽乡村建设。

(5)浙江发展生态经济的实践。

9.习近平治国理政思想

(1)全面深化改革,浙江哪些方面还需要改革?进一步改革的阻力在哪里?

(2)全面依法治国,浙江法治建设有哪些体现?存在哪些问题?应该如何解决?

(3)全面从严治党,浙江各地基层党组织的发展情况,农村、企业或社区党组织的发展情况,存在哪些问题?应该如何解决?

(4)全面建成小康社会,浙江各级政府在全面建成小康社会方面有哪些举措?群众对小康社会有什么期许?全面建成小康社会还面临哪些困难?

10.传统文化与社会主义文化建设

(1)浙江加快文化产业发展的创新实践。

(2)浙江农村文化礼堂的建设实践。

(3)浙江城乡公共文化服务均等化研究。

11.我国的国际环境与新型大国关系的构建

(1)高校大学生留学情况调查。

(2)留学生在浙江大学的学习与生活情况调查。

12.台湾问题与祖国完全统一

(1)大陆地区大学生与台湾地区大学生的交流情况。

(2)台商在浙江的发展情况。

13.反腐倡廉与党的建设

(1)某一民营企业党建情况。

(2)农村党建(如何发展党员、开展活动,提高影响力等)。

(3)城市党建(如何发展党员、开展活动,提高影响力等)。

14.我国的意识形态安全

(1)高校大学生对意识形态问题的看法。

(2)高校思想政治理论课的教与学调查。

(3)高校大学生入党情况调查。

(4)高校大学生对社会热点问题的看法。

二、案例要求

1.提交形式

最终提交的作业可以选择调查报告或案例的形式。

2.调查报告的具体要求

(1)调查报告应说明调查的目的,如果采用问卷调查,需要说明调查对象的范围、问卷发放方式、样本量、分析方法。分析应客观、深入,语言简洁。

(2)报告中引用了他人已发表论著的观点需要标明注释,注释格式参照《中国社会科学》杂志。

(3)调查报告中可以采用表格和图表,但尽量不要使用照片。照片可以作为附件打包发送。

(4)调查问卷、统计数据需要同时提交。

(5)字数控制在5000字以内。

(6)格式参照案例的格式要求。

3.案例的具体要求

(1)具体事件:发生的具体地点的概况、背景、主要做法、成效、理论分析。

(2)具体人物:人物情况的基本介绍、主要事迹、影响、学生的评价。

(3)字数要求:3000字。

(4)完成的格式:Word文档。

(5)字体:宋体。文章标题4号字体加粗,正文5号字体,正文中的标题小四号加粗,序号分别用“一、二、三、……”、“1.2.3.……”、“(1)(2)(3)……”来表示。每个段落开头要空2个中文字符。

正文中的格式要求可以参见如下格式：

(前空两个汉字)一、××××××(小4号 宋体) 后不接排

(前空两个汉字)(一)××××××(小4号 宋体) 后不接排

(前空两个汉字)1.××××××(小4号 宋体) 后不接排

(前空两个汉字)(1)××××××(小4号 宋体) 加标点符号后接排

①②③④用于正文中叙述的分句编号，如：

××××××：①××××；②××××；③××××；④××××。

教师手册

按照“毛泽东思想和中国特色社会主义理论体系概论”课综合改革的方案设计要求，本教研中心特制定《教师手册》和《学生手册》，供广大师生在教学环节使用。

本方案主要由以下教学环节组成：组建教学团队、组建学习小组、专题教学、随堂讨论、学生展示、实践教学、提交案例、平时成绩分配、期末闭卷考试、成绩网上公布。

一、组建教学团队

教学团队一般由4位老师组成，教师根据教研中心的安排在开学前组建教学团队，选出团队负责人。团队负责人要按照各教师承担的专题教学任务重新编制团队教学课表，分发给每一位教师。

二、组建学习小组

时间：第1周课堂时间。

工作职责：

(1)教师根据学生的意愿采用自愿结合或抽签方式完成学习小组的组建工作，并给每个小组命名。

(2)要求学生选出小组长和评分员各1名，并做好相关的信息登记工作。

(3)要求各小组长在2周内完成“小组成员表”的登记工作，并提供电子版1份。

(4)1个班级选出1名课代表，由课代表统筹协调各小组的工作。

三、专题教学

工作职责：

(1)根据自己在所在教学团队的工作要求，认真准备各专题的 PPT 以及相关的阅读书目和思考题。

(2)在专题开讲之前一周，每个教师将所讲专题的阅读书目和思考题发给所在教学团队的负责人，并由团队负责人发到课程网站(http://120.26.133.5:30/gailunke//default.php)上，便于学生提前阅读学习。

四、随堂讨论

在每个专题教学结束后，主讲教师要组织学生开展 1 节课的课堂讨论。

工作职责：

(1)专题结束后，应给予小组 15 分钟的讨论时间。

(2)可以根据情况采取让同学自愿上台发言或按一定顺序指定发言的方式组织随堂讨论。

(3)主讲教师要控制好各小组发言时间，发言结束后用“随堂发言评价表”登记不同班级不同小组的成绩。

(4)主讲教师要认真登记并保管好自己所讲专题后的“随堂发言评价表”。

(5)在全部专题结束后，各专题主讲教师汇总各小组的各次随堂讨论成绩，最后将成绩反馈给不同班级的任课老师。

“随堂发言评价表”的使用：

用于合班专题教学时对学生发言情况进行等级评价。专题教学时，大班中的每个自然班固定使用一张表。

五、学生展示

1. 主题展示(第一次展示)

时间：201×年×学期第 5、6、7 周 2 节课的课堂时间。

地点：所在班级的指定教室。

工作职责：

(1)要求各小组评分员按一定顺序在第一排就座。

(2)采用抽签方式决定各个小组的展示顺序。

(3)根据班级的小组数目确定各个小组的上台发言时间，一般控制在 15 分钟以内。

(4)根据各小组的展示情况用"小组展示评价表"给各小组打分,并在每次展示结束后收回评分员手中的表格,在全部小组展示结束后按照不同的权重计算出各小组的展示成绩并登记在册。

2.案例展示(第二次展示)

时间:201×年×学期第3、4、5、6周2节课的课堂时间。

地点:所在班级的指定教室。

工作职责:

(1)要求各小组评分员按一定顺序在第一排就座。

(2)采用抽签方式决定各个小组的展示顺序。

(3)根据班级的小组数目确定各个小组的上台发言时间,一般控制在15分钟以内。

(4)根据各小组的展示情况用"小组展示评价表"给各小组打分,并在每次展示结束后收回评分员手中的表格,在全部小组展示结束后按照不同的权重计算出各小组的展示成绩并登记在册。

六、实践教学

实践教学总时数为16课时,具体时间安排在×学期的第2、3、4、8周2节课时间和×学期的第1、2、7、8周的2节课时间。

工作职责:

(1)指导学生完成案例的选题。

(2)在学生案例展示环节结束后进行评价,并提出相应的修改意见和建议。

(3)可以选择带领部分学生到社会实践基地进行考察和调研。

七、提交案例

工作职责:

(1)在第8周要把学生的案例报告批阅完毕,完成成绩登记。

(2)从学生完成的案例中按照10%~20%的比例选出优秀案例,并提交给教研中心指定的老师。

八、平时成绩分配

教师在第8周或稍后时间(期末考试前)完成此项工作。

工作职责：

(1)将各个小组的平时成绩反馈给各小组长，要求小组长在一定时间内将“小组成绩分配表”交还给教师。

(2)做好各个同学的平时成绩登记工作。

九、期末闭卷考试

夏学期或冬学期第8周的3节课时间为课堂答疑时间。

工作职责：

(1)做好教材体系的梳理工作。

(2)回答学生的相关问题。

十、成绩网上公布

在考试结束后3天内完成网上成绩的录入工作(见表1、表2)。

表1　随堂发言评价表

所属教师		上课时间		合班教室		评分教师	
小组	评价 (A、B、C、D或优、良、中、差)			小组	评价 (A、B、C、D或优、良、中、差)		
1				8			
2				9			
3				10			
4				11			
5				12			
6				13			
7				14			

表 2 学生展示评分表

第　次汇报		教师和班级		评分组		评分员签字			
被评组		1	2	3	4	5	6	7	8	9	10
选题（10 分）	问题明确（5 分）										
	有现实意义（5 分）										
内容（30 分）	材料翔实，有说服力（10 分）										
	有一定的创新性（10 分）										
	研究成果拓展教学内容（10 分）										
表达（20 分）	语言清楚（6 分）										
	论述流畅（6 分）										
	条理清晰（8 分）										
PPT 制作（15 分）	清楚（5 分）										
	美观（5 分）										
	新颖（5 分）										
问答（15 分）	有针对性（5 分）										
	准确性（10 分）										
时间（10 分）	在规定时间内完成（10 分）										
总计											

学生手册

按照“毛泽东思想和中国特色社会主义理论体系概论”课综合改革的方案设计要求，本教研中心特制定《教师手册》和《学生手册》，供广大师生在教学环节使用。

本方案主要由以下教学环节组成：组建学习小组、专题讲座、随堂讨论、学生展示、实践教学、提交案例、平时成绩分配。

一、组建学习小组

1. 时间

第1周课堂时间。

2. 形式

以下任选一种：

(1)自由组队；

(2)抽签决定；

(3)其他。

3. 内容

(1)选出小组长1名；

(2)选出评分员1名；

(3)选出本班课代表1名；

(4)用“小组成员表”登记组员信息，并在两周内将电子表格发给课代表，由课代表发给任课教师。

4. 课代表工作职责

(1)汇总各小组成员的记录表发给任课老师；

(2)协同组织随堂讨论环节各小组的发言顺序;

(3)协同组织小组展示环节的各项工作安排。

5.小组长工作职责

(1)登记组员信息,并将“小组成员表”的电子版发给课代表。

(2)讨论制定本小组平时成绩分配标准。

(3)根据各阶段教学任务的要求,组织组员讨论学习,认真完成各阶段的教学任务。

(4)教学活动结束后,按照平时成绩的分配标准,确定每个组员的成绩并签字,最后将“小组成绩分配表”的纸质版交给任课老师,或者拍照后通过邮件、微信等方式传给任课老师。

6.评分员工作职责

需要参加2次小组展示环节的打分。具体时间一般安排在×学期的第5、6、7周和×学期的第3、4、5、6周,评分员在教室第一排就座,给其他各小组打分。打分要求客观公正。

二、专题讲座

1.时间

第2~17周,3节课中的第1~2节课。

2.地点

大班上课教室。

3.形式

大班上课。

4.要求

各个学习小组到课程网站(http://120.26.133.5:30/gailunke//default.php)或公共邮箱下载每个专题的阅读书目进行自主学习,并根据专题后各个老师布置的思考题准备相应的材料。

三、随堂讨论

1.时间

第2~17周,3节课中的第3节课。

2.地点

大班上课教室。

3. 要求

(1)专题结束后利用 15 分钟时间各小组集体讨论。

(2)各小组指派 1 人用"小组讨论记录表"做记录。

(3)各小组选出 1 名代表上台发言。

4. 发言时间

5～10 分钟。

四、学生展示

学生展示分为两次:主题展示和案例展示。

(一)主题展示(第一次展示)

1. 时间

×学期第 5、6、7 周 2 节课的课堂时间,每组展示时间控制在 15 分钟左右。

2. 地点

各班所在教室,即选课时指定的教室。

3. 内容

(1)各小组在 14 个专题中选定主题;

(2)小组准备材料,制作 PPT 等相关文件;

(3)确定上台演讲的人员,人数不限制。

4. 要求

(1)各小组派出评分员坐到教室第一排,根据"组间互评表"中的选项给各小组打分(不能给自己小组打分)。课后,将表格交给任课老师。

(2)主题明确,切忌选题过大。

(3)展示形式不受人数和形式限制。

(二)案例展示(第二次展示)

1. 时间

×学期第 3、4、5、6 周 2 节课时间。

2. 地点

各班所在教室,即选课时指定的教室。

3. 内容

(1)各小组按照各专题提供的案例提示选定主题;

(2)小组分工合作,利用实践时间进行现场调研;

(3)各小组利用课后时间讨论案例的具体内容及结构安排;

(4)小组成员准备材料,制作 PPT 等相关文件;

(5)确定上台演讲的人员,人数不限制。

4. 要求

(1)各小组派出评分员坐到教室第一排,根据“组间互评表”中的选项给各小组打分(不能给自己小组打分)。下课后将表格交给任课老师。

(2)各小组可以要求任课老师指导,具体指导形式和任课老师协商沟通决定。

(3)展示形式不受人数和形式限制。

五、实践教学

1. 时间

×学期的第 2、3、4、8 周的 2 节课时间和×学期的第 1、2、7、8 周的 2 节课时间。

2. 地点

课堂外。

3. 要求

(1)小组根据“各专题案例提示”确定主题。

(2)各小组合理安排时间进行现场调研活动。

(3)各小组完成案例的 PPT 内容展示。

(4)根据教师建议修改内容并完成报告的写作。

六、提交案例

各小组必须在×学期的第 7 周用 Word 形式完成案例报告的撰写工作,并根据格式要求进行排版,然后将电子版发送给任课老师。

七、平时成绩分配

各小组在任课老师告知其小组的成绩后,组织同学评定组内每位同学的平时成绩,并让每个人签字,将完成后的“小组成绩分配表”在×学期第 8 周 3 节课时间或稍后一段时间(不得晚于期末考试前)交还给任课老师。

附录

教学环节的相关表格

表 1 小组成员表

班级		小组编号		组长	
学号	姓名	专业		手机	E-mail

注:由组长统计。有补退选、退学、出国、长期病休等情况需及时更新,并告知教师。

表 2　小组成绩分配表

<table>
<tr><td>组号</td><td></td><td>组长</td><td></td><td>班级</td><td></td><td>日期</td><td></td></tr>
<tr><td>成绩类别</td><td colspan="5">两次展示;纸质报告;随堂讨论</td><td>小组平时成绩</td><td></td></tr>
<tr><td>姓名</td><td colspan="2">学号</td><td colspan="2">分数</td><td colspan="3">组员签字</td></tr>
<tr><td></td><td colspan="2"></td><td colspan="2"></td><td colspan="3"></td></tr>
<tr><td></td><td colspan="2"></td><td colspan="2"></td><td colspan="3"></td></tr>
<tr><td></td><td colspan="2"></td><td colspan="2"></td><td colspan="3"></td></tr>
<tr><td></td><td colspan="2"></td><td colspan="2"></td><td colspan="3"></td></tr>
<tr><td></td><td colspan="2"></td><td colspan="2"></td><td colspan="3"></td></tr>
<tr><td></td><td colspan="2"></td><td colspan="2"></td><td colspan="3"></td></tr>
<tr><td></td><td colspan="2"></td><td colspan="2"></td><td colspan="3"></td></tr>
<tr><td></td><td colspan="2"></td><td colspan="2"></td><td colspan="3"></td></tr>
<tr><td></td><td colspan="2"></td><td colspan="2"></td><td colspan="3"></td></tr>
<tr><td></td><td colspan="2"></td><td colspan="2"></td><td colspan="3"></td></tr>
<tr><td></td><td colspan="2"></td><td colspan="2"></td><td colspan="3"></td></tr>
<tr><td></td><td colspan="2"></td><td colspan="2"></td><td colspan="3"></td></tr>
<tr><td></td><td colspan="2"></td><td colspan="2"></td><td colspan="3"></td></tr>
<tr><td></td><td colspan="2"></td><td colspan="2"></td><td colspan="3"></td></tr>
</table>

最高分和最低分的理由：

表 3 小组讨论记录表

<table>
<tr><td>问题</td><td colspan="2"></td><td>周次</td><td></td></tr>
<tr><td>缺席</td><td colspan="2"></td><td>记录人</td><td></td></tr>
<tr><td colspan="2">两名组员签名</td><td colspan="3"></td></tr>
<tr><td>讨论纪要</td><td colspan="4"></td></tr>
</table>

表 4 小组展示评价表

<table>
<tr><td colspan="2">第 次汇报</td><td colspan="2">教师和班级</td><td></td><td colspan="2">评分组</td><td></td><td colspan="2">评分员签字</td><td colspan="2"></td></tr>
<tr><td colspan="2">被评组</td><td>1</td><td>2</td><td>3</td><td>4</td><td>5</td><td>6</td><td>7</td><td>8</td><td>9</td><td>10</td></tr>
<tr><td rowspan="2">选题
(10 分)</td><td>问题明确(5 分)</td><td></td><td></td><td></td><td></td><td></td><td></td><td></td><td></td><td></td><td></td></tr>
<tr><td>有现实意义(5 分)</td><td></td><td></td><td></td><td></td><td></td><td></td><td></td><td></td><td></td><td></td></tr>
<tr><td rowspan="3">内容
(30 分)</td><td>材料翔实,有说服力(10 分)</td><td></td><td></td><td></td><td></td><td></td><td></td><td></td><td></td><td></td><td></td></tr>
<tr><td>有一定的创新性(10 分)</td><td></td><td></td><td></td><td></td><td></td><td></td><td></td><td></td><td></td><td></td></tr>
<tr><td>研究成果拓展教学内容(10 分)</td><td></td><td></td><td></td><td></td><td></td><td></td><td></td><td></td><td></td><td></td></tr>
<tr><td rowspan="3">表达
(20 分)</td><td>语言清楚(6 分)</td><td></td><td></td><td></td><td></td><td></td><td></td><td></td><td></td><td></td><td></td></tr>
<tr><td>论述流畅(6 分)</td><td></td><td></td><td></td><td></td><td></td><td></td><td></td><td></td><td></td><td></td></tr>
<tr><td>条理清晰(8 分)</td><td></td><td></td><td></td><td></td><td></td><td></td><td></td><td></td><td></td><td></td></tr>
<tr><td rowspan="3">PPT
制作
(15 分)</td><td>清楚(5 分)</td><td></td><td></td><td></td><td></td><td></td><td></td><td></td><td></td><td></td><td></td></tr>
<tr><td>美观(5 分)</td><td></td><td></td><td></td><td></td><td></td><td></td><td></td><td></td><td></td><td></td></tr>
<tr><td>新颖(5 分)</td><td></td><td></td><td></td><td></td><td></td><td></td><td></td><td></td><td></td><td></td></tr>
<tr><td rowspan="2">问答
(15 分)</td><td>有针对性 (5 分)</td><td></td><td></td><td></td><td></td><td></td><td></td><td></td><td></td><td></td><td></td></tr>
<tr><td>准确性(10 分)</td><td></td><td></td><td></td><td></td><td></td><td></td><td></td><td></td><td></td><td></td></tr>
<tr><td>时间
(10 分)</td><td>在规定时间内完成(10 分)</td><td></td><td></td><td></td><td></td><td></td><td></td><td></td><td></td><td></td><td></td></tr>
<tr><td colspan="2">总 计</td><td></td><td></td><td></td><td></td><td></td><td></td><td></td><td></td><td></td><td></td></tr>
</table>

表 5　组间互评表

<table>
<tr><td colspan="2">第 2 次汇报</td><td colspan="2">教师和班级</td><td></td><td colspan="2">评分组</td><td></td><td colspan="2">评分员签字</td><td></td></tr>
<tr><td colspan="2">被评组</td><td>1</td><td>2</td><td>3</td><td>4</td><td>5</td><td>6</td><td>7</td><td>8</td><td>9</td><td>10</td></tr>
<tr><td rowspan="2">选题
(10 分)</td><td>问题明确(5 分)</td><td></td><td></td><td></td><td></td><td></td><td></td><td></td><td></td><td></td><td></td></tr>
<tr><td>有现实意义(5 分)</td><td></td><td></td><td></td><td></td><td></td><td></td><td></td><td></td><td></td><td></td></tr>
<tr><td rowspan="3">内容
(30 分)</td><td>材料翔实,有说服力(10 分)</td><td></td><td></td><td></td><td></td><td></td><td></td><td></td><td></td><td></td><td></td></tr>
<tr><td>有一定的创新性(10 分)</td><td></td><td></td><td></td><td></td><td></td><td></td><td></td><td></td><td></td><td></td></tr>
<tr><td>研究成果拓展教学内容(10 分)</td><td></td><td></td><td></td><td></td><td></td><td></td><td></td><td></td><td></td><td></td></tr>
<tr><td rowspan="3">表达
(20 分)</td><td>语言清楚(6 分)</td><td></td><td></td><td></td><td></td><td></td><td></td><td></td><td></td><td></td><td></td></tr>
<tr><td>论述流畅(6 分)</td><td></td><td></td><td></td><td></td><td></td><td></td><td></td><td></td><td></td><td></td></tr>
<tr><td>条理清晰(8 分)</td><td></td><td></td><td></td><td></td><td></td><td></td><td></td><td></td><td></td><td></td></tr>
<tr><td rowspan="3">PPT
制作
(15 分)</td><td>清楚(5 分)</td><td></td><td></td><td></td><td></td><td></td><td></td><td></td><td></td><td></td><td></td></tr>
<tr><td>美观(5 分)</td><td></td><td></td><td></td><td></td><td></td><td></td><td></td><td></td><td></td><td></td></tr>
<tr><td>新颖(5 分)</td><td></td><td></td><td></td><td></td><td></td><td></td><td></td><td></td><td></td><td></td></tr>
<tr><td rowspan="2">问答
(15 分)</td><td>有针对性 (5 分)</td><td></td><td></td><td></td><td></td><td></td><td></td><td></td><td></td><td></td><td></td></tr>
<tr><td>准确性(10 分)</td><td></td><td></td><td></td><td></td><td></td><td></td><td></td><td></td><td></td><td></td></tr>
<tr><td>时间
(10 分)</td><td>在规定时间内完成(10 分)</td><td></td><td></td><td></td><td></td><td></td><td></td><td></td><td></td><td></td><td></td></tr>
<tr><td colspan="2">总　计</td><td></td><td></td><td></td><td></td><td></td><td></td><td></td><td></td><td></td><td></td></tr>
</table>

表 6　学生出勤情况记录表

班级		上课时间		教室	
周次	未到			两名组员签名	
1					
2					
3					
4					
5					
6					
7					
8					
9					
10					
11					
12					
13					
14					
15					
16					
17					
18					

各专题阅读材料和问题

一、为什么要走中国特色社会主义道路

1.阅读材料

郑永年:《国际发展格局中的中国模式》,《中国社会科学》2009 年第 5 期。

张福军、程恩富:《在落实“四个全面”中完善中国道路与中国模式》,《思想理论教育导刊》2015 年第 4 期。

范鸿达:《中国:行将崛起还是面临崩溃?——海外中国形象和地位研究综述》,《国外社会科学》2015 年第 2 期。

张维为:《一个奇迹的剖析:中国模式及其意义》,《红旗文稿》2011 年第 6 期。

2.随堂讨论问题

如何看待西方对“中国模式”“中国道路”的不同解读?

你是怎么理解中国特色社会主义道路的?

二、当代中国的基本国情和中国特色社会主义的总任务

1.阅读材料

大型纪录片《国情备忘录》第 1 集(《中国之谜》)、第 2 集(《人口大计》)。

陈曙光:《确定性与不确定性——兼评西方话语中的“中国模式”观》,《教学与研究》2014 年第 2 期。

金一南:《苦难辉煌》,华艺出版社 2009 年版。

2.随堂讨论问题

在观看《中国之谜》后,你有什么新的见解?

选择你所熟悉的领域(省份、行业或问题),谈谈你对中国国情的理解。

三、改革开放的性质、历程和未来

1. 阅读材料

吴晓波:《激荡三十年》,浙江人民出版社 2008 年版。

黄海洲、周诚君:《中国对外开放在新形势下的战略布局》,《国际经济评论》2013 年第 4 期。

裴长洪:《经济新常态下中国扩大开放的绩效评价》,《经济研究》2015 年第 4 期。

2. 随堂讨论问题

现阶段我国改革面临哪些方面的问题?

国际金融危机凸显了现行国际金融货币体系的缺陷,试谈谈中国改革与和平发展的外部挑战及战略应对。

四、当前我国的宏观经济形势与经济政策

1. 阅读材料

余斌、吴振宇:《中国经济新常态与宏观调控政策取向》,《改革》2014 年第 11 期。

金碚:《中国经济发展新常态研究》,《中国工业经济》2015 年第 1 期。

张占斌、周跃辉:《关于中国经济新常态若干问题的解析与思考》,《经济体制改革》2015 年第 1 期。

2. 随堂讨论问题

在工业 4.0 时代,我国制造业面临的问题有哪些?

在新常态下,我国创新驱动战略体现在哪些方面?

五、正确处理政府与市场的关系

1. 阅读资料

白永秀、王颂吉:《我国经济体制改革核心重构:政府与市场关系》,《改革》2013 年第 7 期。

胡钧:《政府与市场关系论》,《当代经济研究》2013 年第 8 期。

马力宏、刘翔:《变化中的政府与市场关系及其影响》,《理论探索》2013 年第 5 期。

2. 随堂讨论问题

你觉得目前我国改革中哪些方面政府需要进一步放权?

在市场经济中,政府的主要职能是什么?

六、新型城镇化与"三农"问题

1. 阅读材料

李克强:《新型城镇化是最大的结构调整》,《中国证券报》2014 年 9 月 29 日。

《土地制度改革——要有前瞻性,蹦一蹦还要够得着》,《农民日报》2014 年 9 月 17 日。

黄漪:《中国新型城镇化的真相》,《复旦商业知识》2014 年 7 月 24 日。

2. 随堂讨论问题

你认为城镇化的难点在哪里? 户籍制度改革应如何推进?

我国农业现代化存在哪些问题?

如何推进农业供给侧的改革?

七、当前我国的社会矛盾与社会治理创新

1. 阅读材料

任剑涛:《社会的兴起——社会管理创新的核心问题》,新华出版社 2013 年版。

吴忠民:《新形势下中国重大社会矛盾问题分析》,中共中央党校出版社 2014 年版。

唐亚林、李瑞昌、朱春等:《社会多元、社会矛盾与公共治理》,上海人民出版社 2015 年版。

2. 随堂讨论问题

你认为目前我国社会矛盾主要表现在哪些方面? 应如何解决?

我国社会管理创新的思路是什么? 请用案例说明。

八、环境问题与生态文明建设

1. 阅读材料

谷树忠、胡咏君、周洪:《生态文明建设的科学内涵与基本路径》,《资源科学》2013 年第 1 期。

孙新章、王兰英、姜艺等:《以全球视野推进生态文明建设》,《中国人口·资源与环境》2013 年第 7 期。

胡仙芝、余茜、李小方:《公共政策视野下的经济发展与环境保护——环保政策学术研讨会会议综述》,《新视野》2012 年第 3 期。

2. 随堂讨论问题

你对浙江的“五水共治”怎么看?

经济落后地区如何实现经济发展与环境保护的“双赢”?

九、习近平治国理政思想

1. 阅读材料

刘亚洲:《照耀中国梦的思想火炬——读〈习近平谈治国理政〉》,人民网,2015 年 2 月 4 日。

韩庆祥:《全面深入把握习近平治国理政思想的十个重要方面》,《中国特色社会主义研究》2014 年第 6 期。

唐宁、肖寒:《习近平治国理政系列重要讲话精神的思想渊源》,《学术论坛》2015 年 10 期。

2. 随堂讨论问题

如何实现一个国家治理体系和治理能力的现代化?

“四个全面”战略布局的关系是什么? 你是如何理解的?

十、传统文化与社会主义文化建设

1. 阅读材料

毛泽东:《应当充分地批判地利用文化遗产》,见《毛泽东文集》第 8 卷,人民出版社 1999 年版。

[英]齐格蒙特·鲍曼著,邵迎生译:《现代性与矛盾性》,商务印书馆 2013 年版。

[美]塞缪尔·亨廷顿著,周琪、张立平等译:《文明的冲突与世界秩序的重建》,新华出版社 2010 年版。

2. 随堂讨论问题

如何弘扬中国传统文化?

请评价亨廷顿的“如果会出现第三次世界大战,那么它的导火索应该是文化冲突”这一观点。

十一、我国的国际环境与新型大国关系的构建

1. 阅读材料

王缉思、仵胜奇：《中美对新型大国关系的认知差异及中国对美政策》，《当代世界》2014 年第 10 期。

王湘穗：《币权：世界政治的当代枢纽》，《现代国际关系》2009 年第 7 期。

[美]约翰·米尔斯海默著，王义桅、唐小松译：《大国政治的悲剧》，上海人民出版社 2008 年版。

徐凡：《二十国集团（G20）机制化建设研究》，对外经济贸易大学出版社 2015 年版。

2. 随堂讨论问题

如何认识和评估当前我国的国际环境？

如何认识和破解中国崛起中的困境？

十二、台湾问题与祖国完全统一

1. 阅读材料

邓小平：《一个国家，两种制度》，见《邓小平文选》第 3 卷，人民出版社 1993 年版。

《反分裂国家法》，《人民日报》2005 年 3 月 15 日。

黄嘉树：《“未统一前两岸政治关系”剖析》，《台海研究》2013 年第 1 期。

严安林：《当前两岸社会交往中存在问题、根源及解决之道》，《台湾研究》2015 年第 6 期。

王英津：《论“国家—政府”分析框架下的两岸政治关系定位》，《台湾研究》2015 年第 6 期。

2. 随堂讨论问题

如何理解新形势下“和平统一，一国两制”构想的重要发展？

我们该如何对待台湾问题中的美国因素？

谈谈你对台湾民众身份认同问题的认识。

十三、反腐倡廉与党的建设

1. 阅读材料

公婷、吴木銮：《我国 2000—2009 年腐败案例研究报告——基于 2800 余个

报道案例的分析》,《社会学研究》2012 年第 4 期。

陈国权、毛益民:《腐败裂变式扩散:一种社会交换分析》,《浙江大学学报》(人文社会科学版)2013 年第 2 期。

[美]大卫・科兹、弗雷德・威尔著,曹荣湘、孟鸣歧译:《来自上层的革命:苏联体制的终结》,中国人民大学出版社 2008 年版。

2. 随堂讨论问题

腐败问题的根源在哪里?

市场经济条件下如何有效防止腐败?

十四、我国的意识形态安全

1. 阅读材料

骆郁廷、史姗姗:《论意识形态安全视域下的文化话语权》,《思想理论教育导刊》2014 年第 4 期。

杨嵘均:《论网络虚拟空间的意识形态安全治理策略》,《马克思主义研究》2015 年第 1 期。

徐成芳、罗家锋:《试论当前中国意识形态安全面临的主要问题》,《政治学研究》2012 年第 6 期。

2. 随堂讨论问题

你认为我国意识形态安全教育存在哪些问题?

互联网时代应采取什么措施确保我国意识形态安全?

三次问卷调查和反馈

一、三次问卷调查样本

“毛泽东思想和中国特色社会主义理论体系概论”课程调查问卷

（教改前）

亲爱的同学：

您好！我们是浙江大学“毛泽东思想和中国特色社会主义理论体系概论”（以下简称“概论”）教研中心授课教师。为改进我校“概论”课的教学效果，我们教研中心决定从本学期开始，在部分班级进行专题教学改革。为了弄清大家普遍感兴趣的问题，有针对性地解疑释惑，我们设计了这份问卷，征求您对以下问题的看法。

本问卷为匿名问卷，请您放心填答。以下问题如果没有特别说明的，均为单选题。请在相应的选项上打“√”。

1.您的性别：

(1)男　(2)女

2. 您的专业：

(1)理工　(2)人文　(3)社科　(4)农医

3.您的年级：

(1)大一　(2)大二　(3)大三　(4)大四及以上

4.您的政治面貌：

(1)党员　(2)入党积极分子　(3)群众

5.您的民族：

(1)汉族　(2)少数民族

6. 您来自：

(1)城市　(2)农村

7. 您是否信仰宗教？

(1)信仰　(2)不信仰(请跳过第 8 题)

8. 您信仰哪种宗教？

(1)佛教　(2)道教　(3)基督教　(4)天主教　(5)伊斯兰教

9. 除了学分以外，您还希望“概论”课提供什么？

(1)了解国情国策

(2)培养团队合作能力

(3)提高就业能力

(4)培养沟通能力

10. 选“概论”课时，您主要考虑的因素是：

(1)教师授课效果

(2)课程有无冲突

(3)教师给分高低

(4)课外投入时间多少

11. 您愿意每周在课外为这门课花费多长时间？

(1)1 小时以下　(2)1～2 小时

(3)2～3 小时　(4)3 小时以上

12. 您对以下哪方面的问题感兴趣：

(1)政治　(2)经济

(3)文化　(4)社会

(5)生态　(6)国际问题

(7)党建　(8)其他

13. 您认为以下哪项课堂管理制度难以接受：

(1)点名

(2)上课不允许使用电脑

(3)固定座位就座

(4)以上均可接受

14. 您喜欢哪种授课方式？

(1)由一位教师系统讲授整门课程

(2)由几位教师合作进行专题讲授

15.您认为课堂小组应该：

(1)自愿组合

(2)由教师指定

(3)通过抽签的方式随机组合

16.请至少列出 3 个您感兴趣的社会问题：

(1)

(2)

(3)

(4)

17.您对以下哪些专题感兴趣？(最多可选 5 项)

(1)为什么要走中国特色社会主义道路

(2)当代中国的基本国情和中国特色社会主义的总任务

(3)改革开放的性质、历程和未来

(4)当前我国的宏观经济形势与经济政策

(5)正确处理政府与市场的关系

(6)新型城镇化与“三农”问题

(7)当前我国的社会矛盾与社会治理创新

(8)环境问题与生态文明建设

(9)习近平治国理政思想

(10)传统文化与社会主义文化建设

(11)我国的国际环境与新型大国关系的构建

(12)台湾问题与祖国完全统一

(13)反腐倡廉与党的建设

(14)我国的意识形态安全

“毛泽东思想和中国特色社会主义理论体系概论”课程调查问卷

(教改后第一次调查)

亲爱的同学：

您好！我们是浙江大学“毛泽东思想和中国特色社会主义理论体系概论”(以下简称“概论”)教研中心的授课教师。这学期我们对你们班级进行了专题教学改革试点，一学期的课程快要结束了，我们想征求您对这种授课方式的意见，您的回答将成为我们改进教学方式的重要依据。

本问卷为匿名问卷，请您放心填答。以下问题如果没有特别说明的，均为单选题。请在相应的选项上打“√”。

1.您认为几位教师合作进行专题讲授与由一位教师按知识点从头讲到尾的授课方式相比：

(1)专题讲授很好

(2)没有区别

(3)专题讲授不好(请指出原因：＿＿＿＿＿＿＿＿＿＿)

2.您认为目前这种专题授课的主要缺陷是：

(1)学生和老师不熟悉

(2)讲授内容不系统

(3)讲课风格不一致

(4)其他(＿＿＿＿＿＿＿＿＿＿)

3.您认为本学期课堂讨论的时间：

(1)太多了，应该缩减次数和讨论时间

(2)现在这种方式挺好

(3)太少了，应该增加讨论时间

4.以下哪些专题让您感到比较有收获？(最多选3项)

(1)为什么要走中国特色社会主义道路

(2)当代中国的基本国情和中国特色社会主义的总任务

(3)改革开放的性质、历程和未来

(4)当前我国的宏观经济形势与经济政策

(5)正确处理政府与市场的关系

(6)新型城镇化与“三农”问题

(7)当前我国的社会矛盾与社会治理创新

(8)环境问题与生态文明建设

(9)习近平治国理政思想

(10)传统文化与社会主义文化建设

(11)我国的国际环境与新型大国关系的构建

(12)台湾问题与祖国完全统一

(13)反腐倡廉与党的建设

(14)我国的意识形态安全

5.您认为各个教学环节中最需要加以改进的是：

(1)专题授课内容

(2)专题讨论的题目

(3)教师的点评和引导

(4)对调研作业的指导

(5)随堂讨论的评价方式

(6)小组汇报的评价方式

6. 这学期您在课外平均每周为这门课花费了多长时间?

(1)1 小时以下

(2)1～2 小时

(3)2～3 小时

(4)3 小时以上

7. 本课程让您感到收获最大的环节是:

(1)专题讲授

(2)随堂讨论

(3)调研

8. 您认为本课程的任务量:

(1)课程负担太重

(2)任务量适中

(3)轻松完成

9. 您认为进行专题教学后需不需要再进行类似点名的考勤检查?

(1)需要

(2)不需要

"毛泽东思想和中国特色社会主义理论体系概论"课程调查问卷

(教改后第二次调查)

亲爱的同学:

您好！我们是浙江大学"毛泽东思想和中国特色社会主义理论体系概论"(以下简称"概论")教研中心的授课教师。一学期的课程快要结束了,我们想征求您对教学改革的意见,您的回答将成为我们改进教学方式的重要依据。

本问卷为匿名问卷,请您放心填答。以下问题如果没有特别说明的,均为单选题。请在相应的选项上打"√"。请尽量采用在线方式填答本问卷。

1.您认为几位教师合作进行专题讲授与由一位教师按知识点从头到尾的授课方式(参考您上过的其他课程)相比：

(1)专题讲授很好

(2)没有区别

(3)专题讲授不好(请指出原因：____________________)

2.您认为目前这种专题授课的主要缺陷是：

(1)学生和老师不熟悉

(2)讲授内容不系统

(3)不利于复习备考

(4)老师的观点不一致,容易引起困惑

(5)其他(____________________)

3.您认为专题教学的讨论环节采用哪种方式比较好?

(1)由学生分组讨论,然后发言

(2)由学生根据老师的授课内容进行提问,即按照讲座的方式授课

4.以下哪些专题让您感到比较有收获?(最多选3项)

(1)为什么要走中国特色社会主义道路

(2)当代中国的基本国情和中国特色社会主义的总任务

(3)改革开放的性质、历程和未来

(4)当前我国的宏观经济形势与经济政策

(5)正确处理政府与市场的关系

(6)新型城镇化与“三农”问题

(7)当前我国的社会矛盾与社会治理创新

(8)环境问题与生态文明建设

(9)习近平治国理政思想

(10)传统文化与社会主义文化建设

(11)我国的国际环境与新型大国关系的构建

(12)台湾问题与祖国完全统一

(13)反腐倡廉与党的建设

(14)我国的意识形态安全

5.您认为各个教学环节中最需要加以改进的是：

(1)专题授课内容

(2)专题讨论的题目

(3)教师的点评和引导

(4)对调研作业的指导

(5)随堂讨论的评价方式

(6)小组汇报的评价方式

6.在授课内容上您认为最需要改进的是：

(1)内容的系统性

(2)内容的说服力

(3)理论深度

(4)内容的吸引力

7.这学期您在课外平均每周为这门课花费了多长时间？

(1)1 小时以下

(2)1～2 小时

(3)2～3 小时

(4)3 小时以上

8.本课程让您感到收获最大的环节是：

(1)专题讲授

(2)随堂讨论

(3)调研和展示

9.您认为本课程的任务量：

(1)课程负担太重

(2)任务量适中

(3)轻松完成

10.您认为“概论”课应当侧重：

(1)介绍国情

(2)讲授理论

(3)分析社会问题

(4)辨析社会思潮

二、浙江大学部分学生对教学综合改革的评价

为了全面了解学生对教学综合改革效果的评价，我们在教改试点班组织了3 次问卷调查，分别是 2014—2015 年秋学期实施教改前、2014—2015 年冬学期

第一次教改结束后和2014—2015年夏学期第二次教改结束后。此外，我们在2014—2015年冬学期课程结束后在浙江大学玉泉校区召开了一次学生座谈会。

1.教改前的问卷调查结果

我们在2014—2015年秋学期开学初进行了一次问卷调查，主要目的是了解学生对“概论”课程的基本要求，对哪些方面的问题比较感兴趣。根据问卷调查的结果，学生的基本情况如下。

(1)除了学分以外，学生还希望“概论”课能提供一些国情国策，同时能培养他们的团队合作能力和沟通能力。(问卷第9题)

(2)选“概论”课时，学生考虑最多的因素分别是：课程有无冲突、教师的授课效果、教师给分高低、课外投入时间多少。(问卷第10题)

(3)学生愿意每周为这门课花费的时间大多为1小时以下或1～2小时，很少有学生愿意花费3小时以上的时间。(问卷第11题)

(4)学生对政治方面的问题最为感兴趣，接下来分别是经济、文化、国际问题和社会问题，党的建设排在最后。(问卷第12题)

(5)关于课堂管理制度的选择，学生最难以接受的是“固定座位就座”，其次是“上课不允许使用电脑”，最后是“点名”，但也有相当比例的学生觉得以上各项措施都可接受。(问卷第13题)

(6)关于学生喜欢的授课方式，我们的问卷提供了两种答案，分别是由一位教师系统讲授和由几位教师合作进行专题讲授。从问卷调查的情况看，选择这两者的比例相当，后者的比例稍微高一点。(问卷第14题)

(7)关于课堂小组如何组建，学生选择最多的是“自愿组合”，其次是“通过抽签方式随机组合”，比例最低的是“由教师指定”。(问卷第15题)

(8)在我们提供的14个专题中，学生最感兴趣的是“反腐倡廉与党的建设”，其次是“正确处理政府与市场的关系”“我国的国际环境与新型大国关系”的构建，如表1所示。(问卷第17题)

表1 学生对各专题的兴趣

专题名称	占比(%)
(1)为什么要走中国特色社会主义道路	9.6
(2)当代中国的基本国情和中国特色社会主义的总任务	11.4
(3)改革开放的性质、历程和未来	23.1
(4)当前我国的宏观经济形势与经济政策	14.4

续表

专题名称	占比(%)
(5)正确处理政府与市场的关系	49.7
(6)新型城镇化与“三农”问题	28.2
(7)当前我国的社会矛盾与社会治理创新	35.9
(8)环境问题与生态文明建设	30.9
(9)习近平治国理政思想	27.7
(10)传统文化与社会主义文化建设	12.2
(11)我国的国际环境与新型大国关系的构建	49.7
(12)台湾问题与祖国完全统一	23.4
(13)反腐倡廉与党的建设	55.3
(14)我国的意识形态安全	36.2

2.教改后的问卷调查结果

我们在教改结束后都做了问卷调查,有些问题的回答具有共性。

(1)关于授课方式是由几位教师合作进行专题讲授还是由一位教师系统讲授,绝大部分学生选择了专题讲授(见表2)。从表2中可以看出,两次调查中认为专题讲授很好的学生所占比例分别高达77.39%和67.54%。(问卷第1题)

表2　学生对两种授课方式的选择

选 项	教改后第一次调查		教改后第二次调查	
	人数	占比(%)	人数	占比(%)
专题讲授很好	89	77.39	283	67.54
没有区别	15	13.04	99	23.63
专题讲授不好	11	9.57	37	8.83
本题有效填写人次	115	100	419	100

(2)关于哪些专题收获比较多,两次问卷回答的情况有所不同。2014—2015年冬学期学生反响最好的专题是“反腐倡廉与党的建设”“新型城镇化与‘三农’问题”“创新驱动战略和经济增长方式的转变”;2014—2015年夏学期学生反响最好的专题是“正确处理政府与市场的关系”“反腐倡廉与党的建设”“我国的宗教问题与宗教政策”。(问卷第4题)

(3)关于教学环节最需要改进的地方,两次问卷的结果基本一致(见表3)。学生最希望教师加强对调研作业的指导,其次是进一步改进随堂讨论的评价方式。(问卷第5题)

表3 学生认为教学环节中最需要改进的地方

选 项	教改后第一次调查		教改后第二次调查	
	人数	占比(%)	人数	占比(%)
专题授课内容	19	16.52	63	15.04
专题讨论的题目	13	11.30	37	8.83
教师的点评和引导	16	13.91	80	19.09
对调研作业的指导	31	26.96	132	31.50
随堂讨论的评价方式	28	24.35	71	16.95
小组汇报的评价方式	8	6.96	36	8.59
本题有效填写人次	115	100	419	100

(4)关于学生"概论"课学习时间的安排,教改后的两次问卷调查所反映的情况稍有不同(见表4)。第一次问卷调查显示,每周平均花费1～2小时学习"概论"课的学生占55.65%;第二次问卷调查显示,平均每周花费1～2小时学习"概论"课的学生占40.1%,而选择花费1小时以下学习的学生比例明显上升,达到41.53%。(问卷第7题)

表4 学生对本课程学习时间的安排

选 项	教改后第一次调查		教改后第二次调查	
	人数	占比(%)	人数	占比(%)
1小时以下	20	17.39	174	41.53
1～2小时	64	55.65	168	40.10
2～3小时	20	17.39	48	11.46
3小时以上	11	9.57	29	6.92
本题有效填写人次	115	100	419	100

(5)关于本课程任务量是否过重,两次问卷调查中,70%以上的同学都认为任务适中,20%以上的同学认为课程负担太重(见表5)。(教改后第一次调查第8题、教改后第二次调查第9题)

表 5　学生对于课程任务量的看法

选　项	教改后第一次调查		教改后第二次调查	
	人数	占比(%)	人数	占比(%)
课程负担太重	30	26.09	84	20.05
任务量适中	81	70.43	308	73.51
轻松完成	4	3.48	27	6.44
本题有效填写人次	115	100	419	100

(6)关于课程学习中收获最大的环节,教改后的两次问卷调查给出了不同的答案。第一次问卷调查显示,高达 52.17%的学生认为专题讲授环节收获最大;而第二次调查中,高达 48.93%的学生反映收获最大的教学环节是调研和展示(见表 6)。(教改后第一次调查第 7 题、教改后第二次调查第 8 题)

表 6　学生课程学习中收获最大的环节

选　项	教改后第一次调查		教改后第二次调查	
	人数	占比(%)	人数	占比(%)
专题讲授	60	52.17	173	41.29
随堂讨论	14	12.17	41	9.79
调研	41	35.65	205	48.93
本题有效填写人次	115	100	419	100

(7)关于专题授课存在的不足之处,学生也有所反映。在教改后第一次调查中,学生反映比较集中的是专题授课所讲的内容系统性不够(见表 7);这一问题经过开学初教师对学生专题设计和教材章节之间关系的说明已经基本解决。在教改后第二次调查中,有比较多的学生认为专题授课不利于复习备考(见表 8)。(问卷第 2 题)

表 7　学生认为专题授课的主要缺陷(教改后第一次调查)

选　项	人　数	占比(%)
学生和老师不熟悉	35	30.43
讲授内容不系统	40	34.78
讲课风格不一致	31	26.96
其他	9	7.83
本题有效填写人次	115	100

表 8 学生认为专题授课的主要缺陷(教改后第二次调查)

选 项	人 数	占比(%)
学生和老师不熟悉	101	24.11
讲授内容不系统	92	21.96
不利于复习备考	163	38.90
老师的观点不一致,容易引起困惑	43	10.26
其他	20	4.77
本题有效填写人次	419	100

(8)教改后第二次调查中,关于专题教学的讨论环节采用哪一种方式组织比较合适,44.15%的学生选择“由学生分组讨论,然后发言”,55.85%的学生选择“由学生根据老师的授课内容进行提问”。(教改后第二次问卷第 3 题)

(9)教改后第二次调查中,关于授课内容最需要改进的地方,51.07%学生选择“内容的吸引力”,23.63%的学生选择“内容的系统性”,16.71%的学生选择“内容的说服力”,8.59%的学生选择“理论深度”。(教改后第二次问卷第 6 题)

(10)教改后第一次调查中,关于进行专题教学以后是否还需要点名,68.7%的学生认为需要。因此,我们在第二轮教改中增加了考勤环节。(教改后第一次问卷第 9 题)

三、学生对“概论”课教学的建议

通过座谈会与其他途径,我们了解到部分学生对“概论”课的教学建议,这里摘录其中两位同学的建议。

1. 建议一

首先,对于一门课来说,最重要的自然是分数,在教改前分数是平时成绩占 50%,考试成绩占 50%。平时成绩中大概 20%是所有同学基本能拿到的,其他 30%差异也不是很大,所以“概论”课的成绩主要取决于考试成绩,即个人努力,付出多少就能拿多少分。而在教改之后,平时成绩所占比例达到了 70%,并且这 70%在各组之间差距非常大,比如最好的一组平均分有 95 分,而最差的一组平均分只有 63 分。能拿高分固然说明组内成员的付出较多,但横向对比来说,不同组付出的差异并没有像分数所反映的这样大,这就导致很多同学会叫“冤”、觉得不公平。在这 70%的平时分里,我发现不同组的得分其实并不取决于比较核心的两次展示以及案例报告，更多地取决于课堂讨论（10 分）中的表现，有些组得分是 0 分，而有些组是满分。这个分数实际上很大程度取决于上课回答的次数（当然与老师也有一定关系），但每个组发言次数却完全取决于任课老师的随机抽取，就以我们组为例，我们每次都参与讨论并且举手，但因为当时老师安排的座位靠后，总是没有被抽上去发言，导致我们组这一项分数为 0，与其他组拉开了差距。

其次，教改带来的另一个比较尴尬的事情就是分数分配问题。一个小组的成员在一次次讨论中逐渐形成了较为深厚的友谊，这就导致在分配时不好意思按实际贡献进行分配，每个组的分差都非常小，每人的最终分基本上接近平均分，所以分数并不能反映实际工作量。

最后，虽然课程的内容是“毛泽东思想和中国特色社会主义理论体系概论”，老师的讲解也非常生动有趣，但实际上，我们小组的任务与这一课程的关联并不大，而且往往与理论脱离。我理解我们需要结合实际，但在课程修读的过程中，我们发现并没有与课本有关的实践，比如辩论等形式。理论与实践这两方面还是需要综合考虑的。

2. 建议二

傅老师：

您好！我是周一班 E 组的×××。今晚看到小组的平时分分布，有一点感慨。

我们这个小组每个人都不太擅长言辞，所以在每次讨论课上并不是那么积极。当然，讨论课“不积极”，主要还是下面这条原因。

课程改革里讲到，由于每次课上发言的小组数量有限，所以其余小组在课后交电子版。我们一直以为，交电子版和直接上台讲，在评分上是等效的。直到学期末才知道，上台讲时，成绩为优秀或良好都可以加分，而提交电子版则统一是 1 分。

每一次的讨论课，我们的报告形成过程是这样的：根据题目，小组里每位成员都要把自己的看法发到小组群里，然后由一人负责修改整理成 800 字左右的要点，最后提交。

我相信，提交电子版的小组中有不少组是花费了时间和精力努力做的，付出的心血可能并不少于上台演讲的小组。希望老师在以后教学的评分环节，能对提交电子版的小组有区别地评分。我的建议如下：电子版，1 分或 2 分；上台演讲，1 分、2 分或 3 分。

最后是我的一点感想。

这门课的学分很高，我一直以来也很重视。周末，我会花至少2个小时写专题课的报告，让内容尽量充实且具有原创性。室友常常笑我：太认真了，为“概论”课不值得。有时到了提交日期，我便在群里提醒大家写出各自的观点，然后发一些专题所讨论问题的照片。在实践环节，我们小组去了灵隐寺。在那里，为了寻找大师和拜访路人，我们仨跑个不停，中午都没顾得上吃饭。为了做好两段视频，我开始学习视频软件的使用，配字幕和背景音乐，折腾了很久终于做好。可能这些事情都不是显性的，但我确实很重视这门课。今晚组长分配分数，组长告诉我，我的得分是高于小组平均分的，但我的得分在班里并不算高，因为小组整体得分很低，这没有办法。

教学活动简讯

一、两次现场教学简讯

1.《走出课堂，到农村去——浙江大学“毛泽东思想和中国特色社会主义理论体系概论”课现场教学活动侧记》

2015 年 6 月 26 日早上 7 点，浙江大学“毛泽东思想和中国特色社会主义理论体系概论”（以下简称“概论”）课专题教学改革班师生一行共 89 人奔赴余姚市梁弄镇开展现场教学活动，这次教学活动是浙江大学“概论”课教学改革活动的一部分。从 2012 年秋冬学期开始，浙江大学以“中国特色社会主义在浙江”为主题的案例实践教学活动持续开展，截至 2013 年春夏学期，已完成近 3500 个案例。从 2014 年秋冬学期开始，以年轻教师为骨干，组成教学团队，选取部分课堂进行以“七个结合”为核心的“概论”课综合教学改革，不断探索提升教学时效性的方式方法，加强学生对中国特色社会主义的理论信念。为了进一步丰

富课堂教学，浙江大学“概论”课的教学改革活动直接延伸到课堂外。

根据实践教学活动的安排，这学期现场教学活动的主题是“美丽乡村”建设。浩浩荡荡的队伍先来到梁弄镇政府，镇党委副书记马伟军给大家介绍了梁弄镇的基本情况，重点介绍了梁弄镇在生态环境建设方面的主要做法以及近期的工作目标和重点。

午饭过后，镇政府的工作人员陪同大家参观了横坎头村和横路村。两个村的支部书记分别介绍了美丽乡村建设的做法和农村文化礼堂的建设情况。

2.《传统与现代的碰撞——记“概论”课师生赴浦江现场教学实践活动》

2016 年 3 月 25 日，浙江大学“毛泽东思想和中国特色社会主义理论体系概论”课春夏学期现场教学活动在浦江进行，此次活动的主题是“‘四个全面’战略布局的试点——浦江”。

早上 7 点 30 分，傅夏仙、王晓梅两位任课老师、学院教学科诸葛翀老师、学院博士生温惠淇带领“概论”课程的 77 名学生从紫金港校区出发，赴浦江开展现场教学实践活动。

为了对接这次活动，让浙大师生充分感受作为浙江省“四个全面”战略布局试点县的浦江在经济转型升级以后的具体做法和成效，浦江县委宣传部、社科联高度重视，县社科联副主席许振信精心设计了一天的活动行程，浦江县委宣传部副部长张曙光带着宣传部项建彪、县委报道组黄天娇等同志全程陪同。在一天紧张的活动中，同学们参观了嵩溪村、前吴村、新光村。上午 9 点 20 分，师生一行准时到达第一个现场教学点——嵩溪古村落。嵩溪古村落位于浦江县白马镇嵩溪村，已有 800 多年的历史，村内民风淳朴，文风素盛。村主任为浙大师生一行详细讲解了嵩溪村的发展历史以及近年来政府在古村落保护方面所做的努力，在一幢幢修葺一新的古建筑前后，学生们看到的是干净的环境，清澈的溪流，道路旁、屋檐下充满艺术气息的花草摆设。

午饭过后，同学们前往前吴乡前吴村，感知美丽乡村建设的丰硕成果。前吴乡张国樟、黄燎原两位基层干部亲自给大家讲解前吴村美丽乡村建设的蓝图规划，学生们徜徉在美丽的通济湖旁流连忘返，还参观了多家民宿，了解民宿的主要经营方式。同学们深切地感受到了美丽乡村的现代气息，诧异于浙江的新农村建设所展现出来的风貌。之后，同学们参观了新光村的新光青创园。新光村大学生“村官”黄小平详细介绍了新光村的基本概况以及环境整治以后旅游业的发展现状。之后大家参观了新光村的青创园、迷你国学馆、青迪雅居、简曦花艺……30 多位“创客”落户新光村，同学们被“创客”们的文艺范吸引，迟迟不愿离开。

下午 4 点，师生一行准时返杭。这次浦江之行，同学们充分感受到浦江在经济转型升级、美丽乡村建设方面的具体成效。嵩溪古村的传统感、前吴村民宿的时尚感、新光“创客”的现代感，刷新了同学们对传统乡村的印象，令他们对浦江的生态环境、经济转型升级所取得的成就啧啧称赞。

二、学生上课感想

1.《梁弄参观感想》(黄依依)

昨天的“概论”课现场教学去了余姚梁弄镇，收获很大。老革命根据地给我的第一印象就是充满了活力，优美、舒适又整洁。

镇政府的马主任向我们介绍了当地的发展情况。当地发展以灯具、消防器材制造为主的特色经济，开发了绿色生态和红色之旅的精品旅游线路，在卫生和精神文明建设方面也取得丰硕成果。随后去的横坎头村和横路村让我在惊叹于环境之优美、村民之闲适中看到了我国新农村建设的希望。

最触动我的是梁弄镇的精神文明建设，向我们介绍村情的村主任、村支书的言语中饱含着作为梁弄人的自豪感和做新农村建设“领头羊”的责任感。镇政府办公室每一名工作人员的名片上都写着他们为人民服务的誓言。在横路村，从路口到村文化礼堂的路上，可以看到路边的墙上都刷着标语，与有些地方的白墙上歪歪扭扭毫无美感的红字标语不同，墙上飘逸的行楷字和作为背景的风景画相得益彰。村文化礼堂里的展板上记载着的不仅有先烈事迹、横路村几十年的发展轨迹、新世纪涌现出的杰出人物，还有如今普通家庭幸福美满的生活。

我不禁想到了我的家乡柳市镇，2014 年柳市镇成为浙江省经济综合实力第一强镇，但精神文明建设和环境卫生管理等方面的工作做得并不到位。我希望两年后能为家乡科教文卫事业的发展尽一份力，让这个小镇焕发出新的生机。

2.《“概论”课现场教学活动感想》(朴晗宁)

这次现场教学，老师带我们去了宁波余姚梁弄镇以及镇下的横坎头村和横路村参观。听说有机会参加“概论”课的现场教学，我既好奇又兴奋。

经过两个半小时的旅程，我们来到了梁弄镇政府大楼。在宽敞舒适的会议室里，镇政府的工作人员向我们介绍了梁弄镇的大致情况。让我印象深刻的有三处：一是梁弄镇有特色的工业——灯具制造，还被誉为“中国灯具制造基地”，每年制造的灯具销往全国各地，甚至北京鸟巢的灯具也有“梁弄制造”的身影；二是梁弄镇作为浙东红色文化重镇，有浙东银行旧址、浙东区委旧址等，打造的红色旅游项目小有名气；三是梁弄镇在全国一千多个镇中被评为“全国文明镇”，镇党委书记还受到习近平总书记的接见。镇工作人员自豪地告诉我们，近年来梁弄的人均收入已经从三四千元攀升至一万多元，翻了三四倍。在梁弄镇横坎头村参观时，我们来到了新浙东报社旧址、浙东银行旧址、中共浙东区委旧址，看到了当年浙东银行印制纸币的石板等文物，感受到了浙东抗日根据地的红色氛围，对抗日战争与国内战争时期浙江的历史情况有了感性的认识。走在村里的马路上，我发现有一条河流经村里，似乎还修建了水闸，不知是起什么作用；溪水清澈，村路平整干净，远处的山绵延起伏，环境十分优美静谧。

经过这次现场教学，我对“概论”课上曾经学习过的理论有了深刻的认识。梁弄镇的灯具特色产业、横坎头村的红色旅游景点和环保建设，使我亲眼看到了党的政策在现实生活中的效果，开始客观、正确看待国家的相关政策，对“概论”课也从纸上谈兵转移到了现实实践。这次活动是一次非常有意义的体验，让我看到了“概论”课的生动一面，也让我更多地从政策的现实性出发去考虑问题。

3.《宁波余姚农村游记》(司马林青)

近年来，浙江的乡村面貌有了越来越大的改变，借着上“概论”课的机会，我们今天考察了位于宁波余姚市的两个发展道路独特的农村。长期以来，通过读书看报以及课堂上听老师讲授等，我对浙江省近年来村庄整治的效果有了粗浅的了解——农村已不再是从前人们心中落后的模样，而是呈现出整洁、有规划、现代化、生态环境佳、思想文化先进的新面貌。百闻不如一见，今天的考察学习让我感触颇深。

今天考察的两个村庄都有各自的特色，但由于在横坎头村的参观时间更长，所以横坎头村给我留下了更深刻的印象。当我们还坐在车上时，横坎头村美丽的景色就已经映入了我们的眼帘，满眼的青山绿水，清新的感觉扑面而来。村里的干部热情地接待了我们，详细地介绍了横坎头村的情况，耐心地回答了同学们提出的问题。通过今天的学习，我对横坎头村有了更全面深刻的了解和认识。

横坎头村位于余姚市梁弄镇南首，是当年四明山抗日根据地的中心，总面积 66 平方千米(99000 亩)，现有 897 户家庭，共 2821 人，拥有耕地 1546 亩，山林 5316 亩。横坎头村大力发展高效农业、观光农业、生态农业，走红色革命圣地与绿色生态相结合的发展道路，以农村的自然环境资源、田园景观、生产内容和乡土文化为基础，通过合理规划布局，为人们提供观光、旅游、修养、体验农业生产过程与农村生活方式的场所，充分突出横坎头村作为旅游村特有的景色，使“红色革命”与“绿色农业”实现了有机结合。

横坎头村气候温和湿润，水力资源丰富，土地肥沃，适合多种农作物生长。

村委会启动了生态农业示范园区建设,由村经济合作社控股,组建了宁波市蓝天生态农业综合开发有限公司,开发了大量花卉苗木、古树名木。横坎头村培育管理了干鲜水果基地,其中以新发展的樱桃基地最富特色;还大力发展养殖业,引进放养式浙大黄土鸡和余姚番鸭等。同时,横坎头村也加大了农产品的市场开拓力度,实现农产品的产供销一体化。

此外,横坎头村素有"浙东红村"之称,村内有中共浙东区党委、浙东行政公署、浙东抗日军政干校、浙东银行、新浙东报社等革命旧址。由于时间比较有限,我只去参观了浙东银行的旧址。那里保护得非常好,建筑整体还呈现出原来的风貌,同时还附有展览说明,增加了许多展柜,展出了当时留下的具有代表性的物件,如纸币、经营许可证等。诸多类似的旧址能在一个村里被完整地保存下来,并作为一种优秀文化得到宣传,横坎头村对精神文明建设的重视自然是不言而喻的。

通过今天的考察学习,我更加切实地感受到了我国新农村建设这几年来取得的成果,亲眼看到了我国新农村建设全面推进取得的令人称赞的成绩。新农村建设提出"生产发展、生活宽裕、乡风文明、村容整洁、管理民主"的思路,"美丽乡村"建设则延续和完善相关的方针政策,丰富和充实了其内涵与实质,更加关注生态环境资源的有效利用、人与自然和谐相处、农业发展方式转变、农业功能多样性发展、农村可持续发展、保护和传承农业文明等内容。在城镇化快速推进的今天,"美丽乡村"建设对促进农业产业化、缩小城乡差距、推进城乡发展一体化起到了重要作用。通过今天的考察学习,我对 2020 年全面建成小康社会更有信心了,我相信,只要全社会共同努力,就一定可以实现中华民族的伟大复兴。

党政干部进课堂

一、浦江县长进课堂

2015 年 12 月 1 日下午第 6、7、8 节课，浙江大学紫金港校区东 2-302 教室，浦江县长程天云走进课堂，为浙江大学学生带来了一场以“新理念 · 新浦江——从浦江以‘治污’‘拆违’促经济社会转型来看‘五大发展’理念”为题的精彩讲座。程天云县长以浦江县发展历程为主线，结合创新、协调、绿色、开放和共享这五大发展理念，有数据、有史料、有内涵地为同学们讲解了浦江县是如何打赢这场实现蜕变的“治污”“拆违”大战的。

程天云县长从浦江县的地理位置、人口数量、发展历史等基本情况开始，为同学们详细介绍了浦江从原来的环境污染严重、治安形势严峻的地方转变成为全国闻名的“文化之都”和“水晶之乡”的过程。程县长以大量的图片和具体事例展现了浦江县“治污”和“拆违”的决心，并总结了在这场“治污”“拆违”大战中的经验：慎重初战、擒贼擒王、乘势而上、教育引导以及全民合治等。程县长还以浦江县水晶产业的发展为例强调了落后企业如何倒逼环境治理、企业转型升级，从而走上绿色发展的模式。程县长向同学们展示了3D彩色村——罗源村，以及以高端民宿为特色的中国村——野马岭的图片，说明浦江是如何以多视角、多特色的思路拓展旅游产业、强化发展新思路的。浦江大力治理生态问题不仅促进了自然环境的改善，同时也加强了“道德浦江”和“诚信浦江”的建设。最后，程天云县长以追求共享发展和治理创新发展为核心，介绍了浦江对居民社会保障以及人才引进的重视。

课堂上座无虚席，同学们听得十分认真，并表示听过程天云县长的介绍和讲解后，对浦江充满了期待，对县域发展问题和基层发展问题有了更深刻的认识和理解。

二、能源局局长进课堂

2015年10月29日第3、4、5节课，在紫金港校区西1-101教室，“毛泽东思想和中国特色社会主义理论体系概论”课堂迎来了该学期的第二次专家讲座，由浙江省发改委副主任、浙江省能源局局长吴胜丰主讲。在长达3节课的时间里，吴局长用2节课的时间为同学们讲解了我国能源的禀赋以及开发使用情况，阐述了能源使用和环境污染之间的关系。他以浙江省诸暨市大唐镇的袜业为例，谈到了政府能源部门在推动企业技术创新以及经济转型升级中遇到的难题以及为此付出的努力。吴局长从科技创新讲到政策制定及实践应用，用详尽的数据、具体的案例从能源使用的视角给同学们讲明了我国经济转型升级以及环境保护的重要性。

在互动环节，同学们竞相提问，气氛非常活跃。吴局长最后将自己写的《从美国看到中国》一书送给了三位回答问题的同学。

引入校外专家进入“概论”课课堂是浙江大学“概论”课教研中心实施教学改革的一项重要内容。实施教改一年多以来，教研中心已经聘请了5位专家进入本科生课堂给大学生授课，丰富了教学内容，也在一定程度上改变了过去稍显沉闷的课堂气氛。

下　篇

学生优秀作品

“甜瓜大姐”褚富宝

——引领一方共同致富的带头人*

一、人物基本情况介绍

褚富宝，女，汉族，1964 年 8 月出生，中共党员，高中学历，浙江省嘉兴市南湖区余新镇甜瓜种植户，“褚大姐”甜瓜专业合作社社长、党支部书记。褚富宝在自己创业致富的同时，还带领村民共同致富，曾被评为全国农村妇女“双学双比”女能手，获评全国劳动模范、浙江省劳动模范、浙江省优秀共产党员等。

* 本文由高正、沈一斌、玄相旭合作完成。

二、“甜瓜大姐”的主要事迹

褚富宝是余新镇远近闻名的农民创业致富路上的带头人。1998 年，褚富宝开始种瓜，她摸索技术、引进品种、细心观察、科学管理，取得了成功。2000 年，她种的 3 个大棚的甜瓜赚了 1 万多元。从此以后，褚富宝越种越顺，也越干越有劲。2005 年 6 月，在浙江省下派的农村工作指导员的指点下，她成立了嘉兴市褚大姐甜瓜专业合作社，申请注册了“褚大姐”商标。如今，这个商标在嘉兴已经有了很大的名气。2008 年，合作社还建立起基层党建工作室——褚大姐创业帮扶工作室。褚富宝在余新镇乃至南湖区都小有名气，使她出名的不仅仅是她种出的“褚大姐”甜瓜，更是她依托甜瓜专业合作社开展中心户帮扶活动，带动周边村民脱贫致富的事迹，她也因此被提名为 2012 年度浙江新农村建设带头人“金牛奖”的候选人。

三、“甜瓜大姐”的主要影响

(一)打出了一个品牌——“褚大姐”甜瓜

初夏的田野，艳阳高照。余西村的褚大姐甜瓜基地里，空气中飘荡着缕缕瓜香，甜瓜喜获丰收，褚大姐亦洋溢着喜悦的笑容。

然而，回想十年来的艰苦创业路，褚大姐感慨万分。

1998 年 11 月，褚富宝看到别人种瓜赚钱，她也借钱建起了 3 个大棚。但无人现场指导，仅凭自己看书摸索，加上天气不好，忙碌了大半年，她没有赚到一分钱。褚富宝正想打退堂鼓时，熟悉她脾气的丈夫安慰说：“再干一年，亏钱就撤。”于是，高中没有毕业的她，开始不断地买书看书，拜师学习……2000 年，还是这 3 个大棚，褚富宝赚了 1 万多元。此后，褚富宝越种越顺，也越干越有劲，种植规模也慢慢扩大。

2006 年 3 月，在浙江省下派的农村工作指导员的帮助下，她成立了嘉兴市褚大姐甜瓜专业合作社，注册了“褚大姐”商标。如今，这个商标名气越来越大了。2007 年，合作社获得了浙江省无公害农产品产地和产品双认证，并被认定为“市级示范性农民专业合作社”；2008 年又被认定为“省级示范性农民专业合作社”，“褚大姐”甜瓜被认定为浙江省“绿色无公害农产品”；2012 年 11 月，合作社又被浙江省农业厅授予“浙江省优秀示范性农民专业合作社”。

(二)帮扶了一批群众——带领地方致富

褚富宝创业致富了，但她没有忘记自己作为一名共产党员的责任。她说：“一个人富了不算富，只有大家富了才是真正富。”她这样说，也是这样做了。褚富宝创业致富后，主动帮助村民尤其是那些困难家庭。

胡玉林是褚富宝同组的村民，日子过得很紧张。热心的褚富宝替胡玉林解决了生活上的困难，同时还决定带领胡玉林种瓜致富。2004 年 11 月，她拼凑了 2 万多元，在自家的 50 亩瓜田里帮胡玉林家建了 2 个钢架大棚，开始手把手地教胡玉林夫妻俩种瓜。自此，胡玉林家庭经济状况开始好转。

2008 年，在嘉兴市委组织部和南湖区有关部门的共同出资帮助下，褚大姐通过流转方式获得 20 余亩土地，建起“褚大姐创业扶助基地”，搭建了 10 个钢架大棚，免费提供给 5 户贫困家庭使用，由褚富宝提供技术指导。马姚良是村里的低保户，一家四口就靠他打零工及有限的低保金生活。作为“创业先锋号”的首批帮扶对象，褚大姐不仅指导他种植技术，还积极做好思想工作，带领他们勤劳致富。像这样的例子数不胜数，在褚大姐的帮助下，已经有 28 户贫困家庭依靠种甜瓜实现脱贫致富。

(三)带动了一方产业——现代农业产业

在褚富宝的带领下，附近的甜瓜种植户都加入了合作社，社员从刚成立时的 7 人增加到了 150 人。在余西村，一个农业产业化甜瓜基地已经形成。2007 年，合作社成立了党支部，褚富宝担任党支部书记，建立远程教育终端接收培训站，制订相关的学习计划，建立起了相关制度，为搞好合作社技术培训、提升广大社员素质提供了保障。

褚富宝还创立了“万元千斤”的种植模式。一个大棚，冬春季种植大棚甜瓜，夏秋季再接着种植晚稻。水旱轮作后，甜瓜的病虫害少了，品质更好，而瓜田肥料足，种植晚稻时就不用再施肥料，种出的大米格外香甜。这样一来，全年平均每亩地的收入有 1.3 万余元，每亩地产出的“瓜田米”也有 500 千克左右，收益有了显著增加。

这个模式还带来了一个意外收获——为农民就业开辟了新的渠道。随着合作社种植规模的日益扩大，农村土地流转后，一些原本是干农活好手的中年农民却没活可干，于是褚富宝尝试让他们来合作社种瓜。经过几年的发展，褚大姐甜瓜专业合作社的种植规模扩大到 600 余亩，提供就业岗位 40 多个。

(四)跟上信息化脚步——微博直播“种瓜经”

褚富宝有写日记的习惯，她把每天种植甜瓜的点点滴滴都记录下来，她说这既是对生活的一个记录，也是为积累甜瓜种植经验提供参考。2011 年年底，褚富宝参加了“远程教育・学用之星”会议，浙江省委组织部时任部长蔡奇在听了她的汇报后，建议她用微博的形式写种瓜日记，这样就能与广大博友特别是农业从业者一起分享种瓜的快乐，一起交流种植经验和技术。

自从 2011 年 12 月 27 日开通名为“褚大姐甜瓜”的腾讯微博以来，她几乎每日更新，以图文并茂的方式记录着甜瓜种植过程的心得和感想。在微博上，几乎每一张图片都记录着种瓜的影像，几乎每一句话语都传递着种瓜的经验。这经验中，有善意的提醒，有精心的指导，也有详尽的介绍，等等。

褚大姐甜瓜：经过几天忙碌的收割工作，我们基地的晚稻已经全部入归仓库，接下来所有工作重心将转入到甜瓜种植中去，希望辛勤的劳作能够获得良好的回报。

12月12日 16:01 来自uc浏览器 阅读(34)　　转播 | 评论 | 更多

褚大姐甜瓜：天气有点冷，上午我去蔬菜基地转了一圈，几天没去莴苣已经长得绿油油了，看样子没过几天就可以出售了，这相比露天蔬菜就是长得快啊！

作为当地甜瓜种植带头人，褚富宝经常走上田间地头，为其他瓜农提供指导和帮助。微博开通后，更有来自浙江省内外的一些种瓜户前来“取经”。用褚富宝的话来说：“微博日记既赶了时髦，也拓宽了品牌的影响力，对于我们合作社来说是一种无形的宣传。”

四、“甜瓜大姐”引领一方共同致富的启示

曾经听褚富宝这样讲过：“现在我们所缺的不仅仅是技术上的东西，而是有这方面才能的大学生人才……”从她的讲述中，我们可以看出她对农业发展中人才短缺、技术薄弱等现状的一些看法，我们小组中有两位同学是农学大类专业的，他们对褚富宝的话更是感同身受。现在，愿意学习农学专业的学生很少，毕业之后到农村工作的就更少了。

作为一名优秀的共产党员，褚富宝起到了很好的先锋模范带头作用，她以身作则、率先垂范，带领群众通过勤劳种瓜摆脱贫困，真正实现了带头、带领致富的诺言。勤劳朴实、艰苦奋斗的坚韧品质让她在创业致富的道路上比大多数人走得艰苦，但是也走得幸福。俗话说，“穷则独善其身，达则兼济天下”、“独乐乐不如众乐乐”，褚富宝也曾说：“我用良心去经营甜瓜事业，我希望能够带动周边的乡亲百姓共同走向富裕，我所做的一切都是为了这个。因为我觉得一个人富了不算富，大家富了才算富。”褚富宝作为一名共产党员，在自己致富的同时带动周边的人共同富裕，真正践行了共产党员的先锋模范作用。

每一个成功人士都有其独特的精神品质。有的人无私奉献不求回报，有的人坚持原则淡泊名利，有的人孜孜以求坚持探索，更有人像褚富宝一样有着许多人没有的精神特质。在跟褚富宝的接触中，我们发现，她其实更像是一位普普通通的农村妇女，但是这样更加让我们敬佩，因为正是有这些像褚富宝一样

的人，为建设新农村而默默耕耘、无私奉献，我们的生活水平才能够不断提高。通过褚富宝的事迹，我们想到全国还有许多地方的情况与余新镇初期有共同之处，也许其他地方就是缺少了像褚富宝这样的人而没能得到有效的发展，若能够借鉴褚富宝的发展经验，也许能更好地促进地方经济的发展和农民生活水平的提高。

一个小县城的致富之道

——兰溪市土地流转制度调研*

一、调研背景

2009 年，兰溪市政府借鉴其他地区的先进经验，根据当地的政治经济以及环境特点，制定了一系列土地流转方案，将闲置、荒废、效率低下的土地通过租赁、入股等方式“活转”起来，带动了当地经济发展，优化了生活环境，提高了农民收入。

基于此，我们调研小组通过互联网、电话、实地采访等方式，对兰溪市土地流转制度的落实、发展、现状、成效等方面做了细致的考察，特别感谢兰溪市农业局严局长对我们小组的支持。

二、兰溪市土地流转的落实与特点

土地流转是指土地使用权流转，具体来说，是指拥有土地承包经营权的农户将土地经营权（使用权）转让给其他农户或经济组织，即保留承包权，转让使用权。

2004 年，国务院颁布《关于深化改革严格土地管理的决定》，其中关于“农民集体所有建设用地使用权可以依法流转”的规定强调“在符合规划的前提下，村庄、集镇、建制镇中的农民集体所有建设用地使用权可以依法流转”。

（一）兰溪市土地流转的落实

2009 年 1 月，兰溪市成立农村土地承包经营权流转工作领导小组。

---

* 本文由葛荟斌、梁凯、赵懿凯、高子岳、吴清新合作完成。

2009 年 4 月，兰溪市出台《关于加快农村土地承包经营权流转促进土地规模经营的若干意见》。

2009 年 4 月，兰溪市开展土地流转服务中心建设工作。

2009 年 7 月，兰溪市进一步出台《兰溪市农村土地承包经营权流转和规模经营扶持政策实施办法(试行)的通知》。

2010 年 11 月，兰溪市成立农村土地承包仲裁委员会。

(二)兰溪市土地流转的特点

截至 2012 年 12 月底，兰溪市土地流转面积累计数已达到 13.47 万亩(其中 2012 年新增 7190 亩)，土地流转比例已经达到 34.33%。通过调研分析，当前土地流转主要有四个特点。

1. 流转面积由零散向规模连片转变

目前，参与土地流转的农户约 5.2 万户，占总家庭承包经营户的 32.58%，全市通过土地流转，新增 50 亩以上规模经营户 345 户，面积 3.43 万亩，占总流转土地的 28.25%，实现了土地由零散向适度规模集聚(见表 1、表 2、图 1)。

表 1　2009—2012 年兰溪市土地流转新增面积和 50 亩以上申报补助规模经营面积

	2009 年	2010 年	2011 年	2012 年
历年新增土地流转面积(万亩)	1.5	1.56	1.68	1.52
历年 50 亩以上规模流转面积(亩)	11537	5746	9227	7190

数据来源：兰溪市农业局。

表 2　兰溪市 16 个镇乡(街道)土地流转统计表和 50 亩以上规模经营面积

(截至 2012 年 12 月底)

单位名称	家庭承包耕地(亩)	家庭承包耕地流转总面积(亩)	流转率(%)	50 亩以上规模经营流转的耕地面积(亩)	规模流转率(%)
兰江街道	30465	5504	18.07	1826	33.18
云山街道	11776	2335	19.83	716	30.66
上华街道	39601	11423	28.85	3553	31.1
永昌街道	46530	14832	31.88	5658	38.15
女埠街道	26130	8132	31.12	508	6.25
赤溪街道	20947	7975	38.07	3353	42.04

续表

单位名称	家庭承包耕地(亩)	家庭承包耕地流转总面积(亩)	流转率(%)	50亩以上规模经营流转的耕地面积(亩)	规模流转率(%)
游埠镇	35289	17846	50.57	5989	33.56
诸葛镇	19658	8655	44.03	4126	47.67
黄店镇	20710	5058	24.42	735	14.53
香溪镇	22857	4650	20.34	451	9.7
马涧镇	30760	11940	38.82	3200	26.8
梅江镇	23059	7259	31.48	1477	20.35
横溪镇	9829	3266	33.23	723	22.14
灵洞乡	13128	6244	47.56	4123	66.03
柏社乡	18087	7774	42.98	1379	17.74
水亭乡	23480	11743	50.01	1768	15.06
合计	392306	134695	34.33	34276	25.45

数据来源:兰溪市农业局。

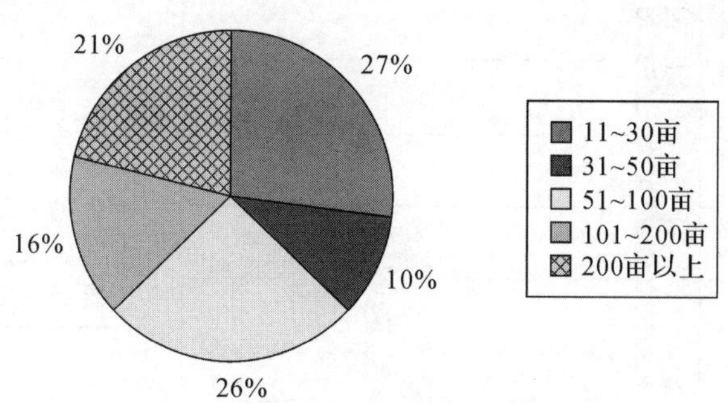

图1　兰溪市土地规模经营比例

数据来源:兰溪市农业局。

2.流转模式由单一向多元化转变

兰溪市采取的土地流转方式主要有转包、转让、互换、出租、股份合作等方式,其中以出租和转包为主要形式,出租9.95万亩,占流转的73.88%;转包2.66万亩,占流转的19.71%(见图2)。随着效益农业的发展,流转的主体开始由单一的农户向合作社、企业、大户等新型经营主体转变(见图3),其中10亩以上大户流转面积4.44万亩,占流转的36.4%;合作社0.61万亩,占流转的5%;

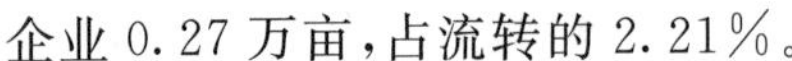
企业0.27万亩,占流转的2.21%。

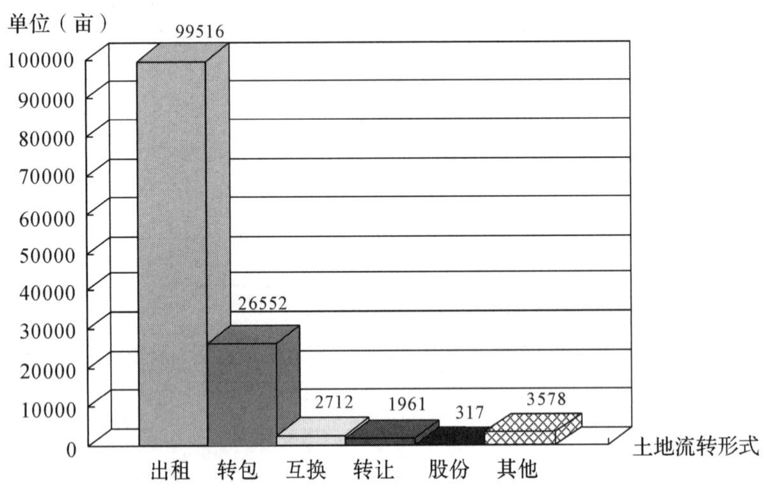

图2 兰溪市土地流转形式

数据来源:兰溪市农业局。

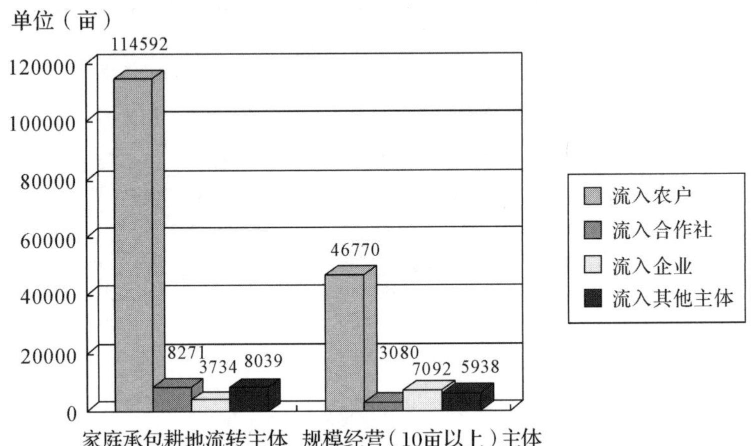

图3 兰溪市家庭承包耕地流转主体和规模经营主体

数据来源:兰溪市农业局。

3.流转收益由低收入向高效益转变

随着近年来工业、城镇的扩张,高效农业和农民专业合作组织的发展,农村土地增值潜力逐渐显现:一是土地的流转价格呈逐年提高的趋势;二是土地综合效益提高,种植模式开始从粮食向花卉苗木、中药材、蔬菜、水果等效益较高的经济作物转变(见图4)。2009—2011年,兰溪市流转后用于种植粮食的面积10059亩,占土地总面积的37.94%;花卉苗木面积6037亩,占22.77%;中药材面积1629亩,占6.14%;蔬菜瓜果5548亩,占20.93%。

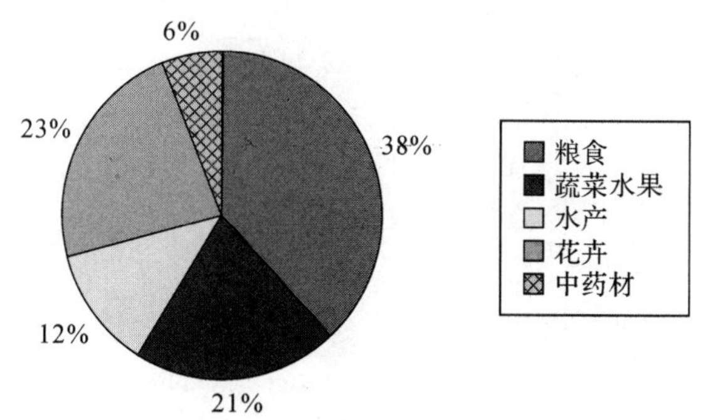

图4　兰溪市土地流转后的土地种植模式

数据来源:兰溪市农业局。

4. 流转行为由个体自发向组织化、规范化转变

从调查情况来看,土地流转的行为正从农户间的自发、不规范流转向组织化、规范化流转转变。在灵洞乡,每年由乡政府、大户和农户三方代表进行土地流转价格评价。通过各级流转服务组织流转的面积达3.04万亩,占流转总面积的23.79%;签订流转合同31761份,涉及土地流出农户36328户,占流转总农户数的68.65%,涉及流转面积8.02万亩,占流转总面积的59.58%。另外,流转年限从短期向中长期过渡,5年以上的流转面积达到7.91万亩,占流转总面积的58.79%(见图5)。

三、兰溪市土地流转的具体实施

(一)健全组织,推进农村土地有序流转

兰溪市土地流转中心自2010年5月成立以来,随着单位职能的不断完善,进一步健全了市、镇乡街道、村三级土地流转服务网络。市土地承包经营权流转服务中心、各镇乡街道土地流转服务中心和各村土地流转服务站,认真负责辖区内农村土地承包和流转政策咨询、业务指导、收集信息、调处纠纷、统计上报、档案管理等工作。

(二)政策引导,加大土地流转扶持力度

兰溪市人民政府于2009年出台了《关于加快农村土地承包经营权流转促

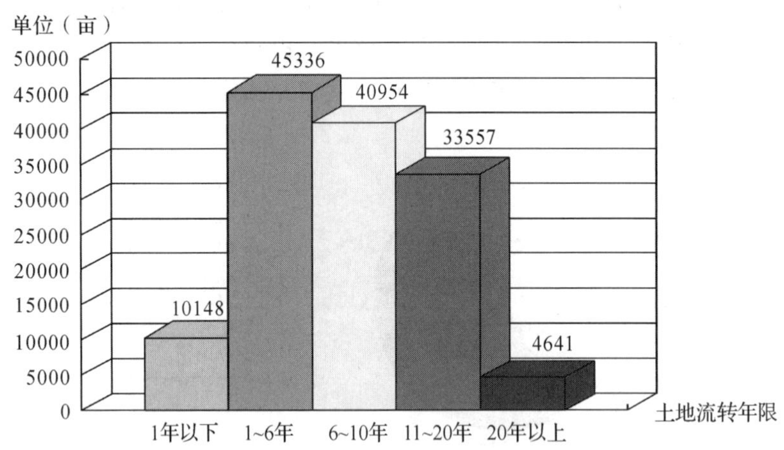

图 5 兰溪市土地流转年限

数据来源：兰溪市农业局。

进土地规模经营的若干意见》，明确规定了农村土地流转扶持政策、申报程序、申报材料和政策兑现，对符合政策规定的农户、农业经营主体、土地流转服务组织和先进工作镇乡街道给予积极的政策扶持和奖励。2009—2012 年，兰溪市共兑现流转补助资金约 568 万元。

（三）强化服务，助推农村土地规范流转

一是规范农村土地流转程序，各镇乡街道在土地流转中心挂土地流转程序公示牌，切实做到管理和服务两到位；二是规范土地流转合同签订，土地流转双方必须签订由浙江省农业厅统一制发的规范性书面合同文本，一式三份，交村委会存档；三是规范农村土地流转备案、登记和档案管理制度，建立完善了农村土地流转情况登记台账，做好流转资料的收集、整理、发布、归档和管理工作；四是建立土地流转信息发布平台，2011 年以来，兰溪市土地流转中心在市农业信息网土地流转平台发布政策法规、工作动态和土地流转等信息 50 多条；五是健全农村土地承包纠纷调解仲裁机构，保护农户土地承包合法权益，兰溪市土地流转中心已接待来信来访百余次，回复兰溪市人民代表大会农林水利提案 3 次，承办兰溪市“12345”市长热线 2 起，信访局转送纠纷 3 起，已经裁决 2 起，协助镇乡街道调处纠纷 3 起。

四、兰溪市土地流转的主要成效

(一)加快集聚,促进农业规模化发展

兰溪市通过土地流转,有效地解决了农业产业化发展中规模偏小、经营分散等问题,加快了特色产业在优势区域的集聚,推进了"一乡一园一品"工程。兰溪市涌现出了云山街道万亩粮食功能区,赤溪孤塘畈千亩粮食功能区以及梅江喜燕生态农业园、诸葛凯飞中药材有限公司、诸葛草堂等农业龙头企业。

(二)搭建平台,培育壮大新型主体

土地流转工作充分调动了农业大户、农民专业合作社、农业企业参与农业发展的积极性,尤其是为工商资本进入农业领域搭建了一个良好的平台,壮大了农业主体实力。

(三)拓宽渠道,实现农民增收致富

农户通过流转土地取得了财产性租金收入。按平均每亩增加200元计算,全市农户可增加300万元。通过农村土地流转,一部分进城的农民工从"兼业农民"转化为"专业工人",农民工通过技能培训成为城市产业工人的组成部分,获得稳定的工资收入。龙头企业和农业大户的加入,让本地农民获得了更多的就业机会,农户成为企业员工,获得多方面收入。

不同季节种植不同蔬菜,土地流转"活"了土地"富"了农民

五、兰溪市土地流转存在的问题

经过调查研究,我们认为兰溪市土地流转还存在以下问题。

第一,土地流转市场体系不健全。缺乏土地流转交易平台。目前兰溪市土地流转以自发进行和政府推动为主,虽然建立了土地信息发布平台,但流转信

息不畅，由于缺乏健全的市场机制和必要的中介服务机构，“流不出、转不进”的现象依然存在。价格形成机制缺乏，土地价格的评估缺乏依据，无法体现土地的真正价值。

第二，土地流转操作行为不规范。土地流转程序存在隐患，如有的农户采取口头协议或只签订简单的书面协议流转土地，未经过备案和鉴证程序，这留下了纠纷频发的隐患。农业流转土地后，因投资不足或市场变化等原因，农户不能及时兑现土地租金，甚至放弃耕种，风险常常被转嫁至农民和政府。

第三，土地流转社会保障不完善。目前兰溪市农村的养老、医疗、社会救助等社会体系尚不健全，在农民收入水平低、收入来源有限的情况下，土地成为农民的基本生活保障，农民对土地的依赖性相当高，对土地流转尚有疑虑。

店口镇的城镇化之路*

一、店口镇概况

店口镇是浙江省绍兴市诸暨市下辖的一个中心镇，总面积达 105.7 平方千米，下辖 17 个行政村和 6 个社区，常住人口 6.1 万、外来建设者近 7 万，综合经济实力连续多年稳居绍兴第一、全国千强镇前二十位。店口镇素有“五金之乡”的美誉，目前已形成包括 6 家上市公司在内的庞大企业集群，号称浙江资本第一镇。同时，它也是浙江省首个联合国“促进农民工及其家庭融入当地社会的政府能力建设”试点镇、浙江省首批 27 个小城市培育试点镇之一。

二、店口镇推行城镇化的主要措施

(一)公共服务均等化策略

在城镇化的过程中，店口镇注重硬件的“面子”工程与软件的“里子”工程。硬件方面，店口镇近年来每年投入超过 5 亿元用于城市基础设施建设，同时，店口镇实施了以“八大社保体系”(见表 1)为主要内容的公共服务均等化策略，让公众获得了“少掏钱的实惠感”。

表 1　店口镇推行城镇化的“八大社保体系”

就业	设立就业保障服务中心、劳务中介中心和职业培训中心，联合高校开展“订单式”免费技能培训。 实施新店口人与本地居民平等、统一的就业政策，2012 年累计介绍就业 12485 人，其中，新店口人有 1 万余人。

* 本文由倪张汀、陈尔希蒂、党博、何石弼、吕迪、苏佳乐、汪津超、姚乃埌、应仕浩合作完成。

续表

创富	建成“新青年、新农民、新店口人”创业园一期6万平方米的厂房，已入园的21家企业中，有6家为新店口人创办。
教育	对本地户籍人口，从2009年起实施12年制免费教育，2010年实施贫困家庭幼儿保育费减免政策，实施大学生资助政策和优秀大学生奖励政策，并且从2013年开始提供15年制教育保障。 对于新店口人，2005年创办了育蕾民工子弟学校，2008年实施新店口人子女在公立学校就读免收外乡费政策，2011年实施新店口人子女就读中等职业技术学校学费减免政策，2012年实施补助新店口人贫困家庭幼儿入园等措施。
医疗保障	对本地户籍人口，从2009年起，农村合作医疗保险门诊报销比例从20%提高到30%，这一比例在2012年、2013年分别提高到了50%、60%。 对于新店口人，2006年设立爱心医院，新店口人门诊费用不超过50元，诊疗、化验费减半，药品平价零差价。2009年，实施新店口人孕妇住院分娩补助政策，每例补助500元。2011年，新店口人在诸暨市第四医院住院就医可报销20%的医药费，这一比例在2012年、2013年分别提高到30%、50%。
住房保障	2011年推出新店口人、优秀人才、农民进城补助购房政策，补助额度为6万～12万元，2012年将补助额度提高至6万～20万元，2013年再提高至6万～25万元。2012年推出304套限价房，其中有116套配置给新店口人，以均价4500元/平方米配售，每平方米均价比建成区商品房低2500元左右。
养老保障	大力推进城镇职工、被征地农民、低收入阶层和自由职业者“四位一体”的社会养老保障体系建设，至2012年年底累计完成失地农民养老保障1.5万人。
基本生活保障	财政拨款300万元专项资金，用于帮助因病致贫、因灾致贫的困难家庭。 从2008年开始，实施“爱心一证通”，新店口人凭借暂住证可以在指定的超市、书店、影院等46个商家处享受会员价或低于会员价的折扣。
维权保障	2004年成立外来建设者服务中心，主要负责新店口人登记发证、出租房管理、计生服务、法律援助等工作；2010年，设立了兼具报警和服务功能的综合平台——“新店口人之家”。

上述做法既是为了要让本地人口在城镇化过程中享受到好处，也是为了让外地人口获得切身的福利。因为店口镇的发展需要大量外来技术工人的支持。

此外，店口镇在外来人口管理方面也成绩显著，一些做法在全国都产生了一定的影响。比如“娘家人管婆家事”，是店口镇针对外来人口管理困难的情况，主动在外来务工人员相对集中的地点进行试点，联系当地公安、劳动、计生等部门并邀请他们以外派工作人员即“娘家人”的身份共同服务和管理来店口镇务工的工人。店口镇实行的这种模式，可以消除管理工作中语言上的障碍，使工作人员可以更好地与外来务工人员(新店口人)进行交流,也能赢得新店口人的信任,同时避免了偏袒本地人现象的出现。

调研中,我们发现在店口镇已经有了很多的第二代新店口人,他们或是因为父母的原因来到店口镇,或是就在店口出生、成长,越来越多的新店口人把这里作为自己的第二故乡、作为自己的家。

(二)创新政府管理模式,让更多人参与其中

店口镇政府通过提供“八大社保体系”等更加公平合理的公共服务,让新老店口人享受到了切实的实惠和便利;而真正让新老店口人产生“主人翁”感觉的,还是政府在管理模式上的创新。

1. 政务公开

为了提高政府的公信力与政府工作的透明度,让群众更了解身边将要发生的变化,也为了接受群众更广泛的监督,店口镇政府大胆地将政府的年度规划等政务信息公布于众,以追求“清清楚楚,公建店口”的目标。

以 2013 年为例,这一年,店口镇 6.3 万户人家每家每户的墙上都多了一张海报,这张海报实际上是 2013 年店口镇发展路线图,上面共列出 2013 年店口镇政府承诺要做的 55 件大事,并有针对性地列出了预算。有的村民表示,海报让他们了解到很多平时没有注意到的政府工作,也让他们认识到政府工作人员的不易,这一做法有效地减少了群众与政府间的隔阂。

2015 年,店口镇又公示了一系列政务文件,其中包括《2015 年度推动经济升级跨越发展的若干政策意见》和《2015 年店口镇十大惠民实事工程的实施计划》。这些政务文件绝不是泛泛而谈,而是针对镇民生活中的“痛点”,比如十大惠民工程就涉及某具体路段的路灯建设、城乡公交线路建设和某村幼儿园建设等贴近民生的基础工程建设。

详细的政务公开有助于群众清楚地了解自己身边即将发生的变化、有效监督政府的工作,同时有助于消除城镇建设信息在政府与群众间的不对称,让群众在真切感受到政府辛勤工作的同时,自己也能投身于当地的建设之中。

2. 设置“民意墙”

政务的公开,相当于政府建起了一面告示墙,把自己要说的话、要做的事展现给了群众;而创新管理模式中只有一方说话是不够的,政府的话说出来了,群众心里有话也需要表达。

为此,店口镇人民政府又创造性地建起了一面“民意墙”。店口镇的民意电子墙建在当地最热闹的市民广场上,10 个电子窗口不时滚动播放群众的意见,

反映群众最迫切需要解决的公共问题，它们有效地扩充了政府制定政策的参考信息来源渠道；公示的民意同时在群众和政府办事人员眼前滚动，则更能有效地集思广益，有利于更好、更快、更有针对性地完善当地的建设；与此同时，民意墙也是一面公示墙，它无疑能有效提高群众对政府的监督力度。

提出自己的建议，看到自己的提议被众人关注、得到政府重视，自己的建议成为切实的行动方案，并且该方案最终有效地完善了当地的市政建设，这无疑会形成一个积极的正反馈和正循环，促进更多群众提出更多更好的建议，并带着更强的积极性和主人翁意识建设自己的家园。

3. 设置“村官对话墙”

上述两种“公示墙”的设置让店口镇政府尝到了甜头，为了更加有效地疏通民意渠道，店口镇又建设性地创立了“村官对话墙”。与前两者不同，这个对话墙相当于把沟通渠道建立在了更加基层的“村官”与村民之间，它近似于一种双向的交流，而这个对话是呈现在全镇人民眼前的。

在热闹的中央大道旁设立“村官”与村民对话墙，将 23 个村(社区)的村民的期盼与“村官”承诺以大型公示牌的形式向全社会公示，接受全社会监督。

这种新形式的公示墙有点类似于上述两面“墙”的一个综合，只不过它反映的是更微观、更基层的问题，因此它与上述几面“墙”有相近的效用，对店口镇建设有重要意义。

4. 选举外来党员代表参政议政

考虑到店口镇外来人口已经多于本地人口这一事实，为了提高政府决策的科学性，当地政府于 2011 年开创性地从新店口人中选举出了 10 名党代表，与当地代表一同参与政府重要事项的商讨和决策。

这一举措的正面影响无疑是巨大的。一方面，新店口人党代表对于老乡的诉求自然了解得更透彻，因此在参与政府的重要事项商议时，他们能够提出一些以往被忽视的问题和建议，从而对决议的实行产生积极的推动作用；另一方面，新老店口人虽然相处起来越来越融洽，但是心里的差异还是无法完全消除的，外来党员代表的选举，有利于增强新店口人的话语权，也有助于让他们产生一种归属感和当家做主的感觉。

(三)注重文化引领，不断强化城市的精神凝聚力

店口人开始注重文化引领来源于一次调查。2010 年，浙江省首批 27 个小城市培育试点镇调查显示，店口人对城市的满意率仅排名第十。这促使店口镇相关部门领导开始思考：究竟店口人对这个城市的期待是什么？这个问题不再

是提供公共服务或是创新政府管理模式就可以解决的，已涉及更深层次的文化问题。于是，下列措施就出台了。

1.《城店口》杂志

这是一本专门讲述店口每天发生的故事的杂志。杂志社团队坚持以田野调查的方法采集社情民意，每期用大量篇幅报道农民工群体，记录一名普通工人的一天、一名农村劳动者的喜怒哀乐，反映这座城市的主人翁们的意见和批评。而这显然增强了店口人的归属感，当自己身边人的故事被记录在杂志上并在小城传播，这样的自豪感与存在感，是金钱所买不到的。

2.“365人墙”

城市归属感说到底是人的问题。正是根据这种以人为本的理念，2011年，店口策划了“365人墙”系列人文墙。教师、环卫工、公务员、企业家、外来务工人员……覆盖各行各业的365人，被浓缩成一幅幅巨型照片，布置在主要街道。如明星般的人物墙，让小镇似炸开了锅，却又流淌着一股温情。在店口，人文墙的出现使得人们不再是沉默的大多数，而变成了墙上活灵活现的人物，有效拉近了人们之间的距离。

3.家族相册

如今许多处在城镇化进程中的小城镇，正从熟人社会过渡到半熟人社会。而店口人试图通过公共艺术，从古老文化中寻求当代中国社会需要的正面价值。因此在2012年盛夏，中国美术学院的4组艺术家，分别走访百户店口家庭，寻访散落在民间的私人影像，通过整理数千张泛黄的照片，拼接出一代店口人的回忆。那个夏夜，“店口人家族相册”等4个视频在店口街头缓缓“流淌”，一切仿佛回到了那个人们走出家门，站在村头路灯下扇着扇子、亲昵交谈的年代，人们的归属感更加强烈。

4.“红帽子”团队

“红帽子”团队的雏形来源于一次企业高层的培训学习小组。4年前，店口镇党委、政府实施省级“三百”人才学习培训工程，组织企业的100名中高层管理人员参加为期3年的培训学习，其间创建了一个学习交流的QQ群，在浙江丰光五金有限公司任综合部部长兼工会主席的陈纪梁主动请缨，出任群管理员。而后来，店口遭遇洪水袭击，陈纪梁在群上发布信息，号召大家一起参与抗洪。一起参与转移安置群众、爱心捐款、清理厕所、搬运物资……群友们不计个人得失，没日没夜地忙碌。

“原来每个人心中都有善，只不过这种善，需要有一个发挥平台。”陈纪梁第一次意识到，善是需要培育的，尤其是经受社会转型期阵痛的人们。在原先的QQ群基础上，他申请加入了镇党委的红帽子队伍，成立了“红帽子志愿者大队”QQ群。

而如今，小镇的红帽子志愿者队伍已经达到近500人，同时店口义工群、店口志愿者以及更多的公益组织在小镇不断涌现，爱的力量温暖和感染了越来越多的人。

在调查中，我们小组共发放问卷73份，无效问卷3份，其中20份是在当地发放，其余发放给店口当地的同学及由这些同学发放给亲人和朋友。问卷结果显示：店口人的工资水平普遍有了较大提高；他们对自身生活水平比较满意；相关的惠民工程，他们平时也会有所关注；店口镇完善的社保制度是最吸引被调查者的因素；当地人向政府表达诉求的情况还比较乐观，但也有一部分人不知道如何表达诉求。总体而言，店口人对于店口镇的城镇化还是比较满意的（见图1）。

三、店口镇城镇化发展中资金问题的解决

（一）提供税收、金融、资金等多方面支持

1. 税收返还

诸暨市委按照浙江省政府《关于开展小城市培育试点的通知》文件精神，在财政和税收体制方面做出了相应安排，返还包括大型商贸企业、金融保险企业一部分税收和部分土地出让净收益用于试点镇的建设。

2. 试点专项拨款

浙江省政府从2010年起建立每年10亿元的省小城市培育试点专项资金，用于试点镇的基础设施、社会事业、产业功能区、技术创新和人才集聚服务平台、公共服务平台、规划编制及体制机制创新等项目的补助。由此，店口镇每年可得到约4000万元专项资金支持。

3. 借贷融资

中国工商银行已对店口授信7.2亿元，中国农业银行授信15亿元，浙商证券还为店口发债15亿元等。

（二）产业发展带动资金收入增长

店口镇推行城镇化最主要的资金来源还是当地发达的产业，产业发展可以提供稳定的税收收入，同时也使当地银行有了发放贷款的基础。因此城镇化一定要有产业支撑，产业是“第一要义”。这不仅是因为只有产业集聚才能促进人

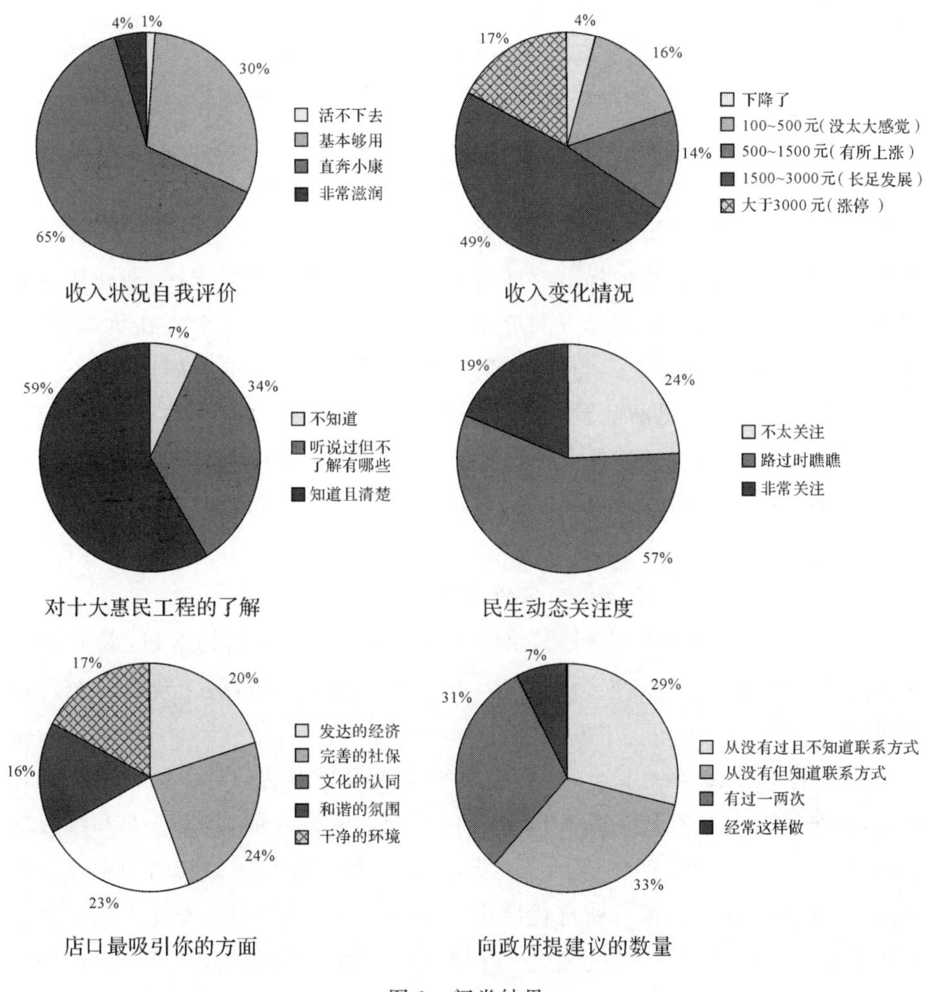

图1　问卷结果

口集中、为农业转移人口提供就业进而带来更高更稳定的收入，还因为产业发达能为城市的发展提供强有力的财政支持，为持续改善城市各项软、硬件设施提供保证。

1. 注重新、旧产业同时发展

在产业发展上，店口镇一方面着力做好传统产业改造提升工作，另一方面以解放湖高新技术产业园区为平台，推动战略性新兴产业培育，培育新的经济增长点。在当前严峻的经济形势下，店口镇的企业仍在不断做强做大。与此同时，店口镇现代化住宅小区不断涌现，没有一家工业企业倒闭，没有出现企业主外逃现象，这种良好的投资氛围又进一步刺激了投资者投资店口镇的信心，助力店口镇产业不断发展。

2.积极吸纳民间资本参与公共服务设施建设

在基础设施及公共服务设施建设中,政府鼓励民间资本进入。前几年,垃圾焚烧厂、污水处理厂采取 BOT(build-operate-transfer,建设—经营—转让)、BT(build-operate,建设—转让)等方式建设,其中垃圾焚烧厂完全由民间资本建设,具体是由海亮集团下面的一个企业建设和经营,运营过程中有一部分政府投资,即达不到预定焚烧标准时政府就要投入。垃圾收集方面,在建成区范围内即镇域范围内的,镇政府下面成立了一个公司,雇了 62 个人在负责;村里面的垃圾收集则是外包的。此外,"民资造城"现象在店口的不断出现,不仅解决了政府建设资金不足的问题,而且带动全社会参与和关心小城市培育工作。除了资金方面,民间资本的进入还降低了政府的管理成本,以污水处理厂为例,民间资本的进入使得监督排污的任务转移给了企业,帮助政府降低了监督成本。

3.帮助中小型企业解决融资难的问题

为解决中小企业融资难问题,镇政府积极吸引各金融机构落户,截至 2014 年 8 月,店口镇已落户 16 家金融机构,有效扩大融资渠道,进一步缓解企业融资难题。

店口镇还设立"互助基金"来破解中小企业融资难的问题。互助基金是在镇政府引导下,由 9 家企业于 2012 年年底共同发起设立的,各家企业和镇政府各出资 200 万元,合计 2000 万元。初始阶段,互助基金仅为协会内的企业提供帮助,后来扩大到店口镇的所有优质中小企业。2014 年 9 月,浙江省经济和信息化委员会对全省 15000 多家企业进行调查。监测数据显示,一半以上的中型企业至今仍深陷互保链,56.5%的中型企业流动资金不足,13.68%的中型企业存在融资困难,这个比例超过了大型企业和小微企业。而在店口镇,目前涉及资金风险的企业只占 1%。可以说这个措施极大地促进了中小企业的稳定发展,具有重要意义。

四、店口镇推行城镇化的经验与发展展望

回顾本次调研,我们发现,店口作为一个城镇化试行较为成功的小镇,有许多值得学习的经验,归纳起来主要有以下几点。第一,坚持产业先行的基本原则,只有产业发展了,才能为城市提供强有力的财政支持,为改善城市各种软硬件设施提供保证。第二,建立完善的均衡公共服务,坚持以人为本,强调公共服

务均等化策略，让公众获得“少掏钱的实惠感”，让农民真正融入城市。第三，促进外来人口与本地人口的融合，新老市民社会融合是我国当前城镇化的重要议题，应努力使新老市民在民生保障、公共服务、政治待遇等方面享有平等权利。第四，在城镇化进程中形成投资主体多元化的格局，通过深化市场经济体制改革，形成政府、企业、社会共同投资的格局。第五，注重文化的凝聚作用，文化的力量不可低估。通过举办各种文娱活动，让民众广泛参与群众文化事业，唤醒人们的共同体意识，实现人与人之间的融合。

毋庸讳言，店口的城镇化发展仍然存在一些问题与不足，如土地规划不合理，环境污染，基础设施建设还有待完善。我们在实地调研中发现，当地五金产业产生了较多的污染，导致河水的污染较为严重，同时由于大型卡车的频繁经过，马路上出现了很多坑洼，这些都需要店口镇政府改善。此外，在对相关专家的访谈中我们了解到，目前店口镇对外来人口仍然是以“管控”思维为主，这可以从外来人口服务管理中心设在派出所、外地人的管理以公安部门为主等方面看出来。店口镇对流动人口社会融合的观念并不明晰，更重视外来人口“发展的根”而不怎么重视“文化的根”。因此，未来可以考虑在外来人口组织化方面继续努力，探索出一条自我管理的新思路。

“小键盘”敲出“大世界”

——浙江省临安市昌化镇白牛村电子商务发展实例*

一、白牛村电子商务发展概况

白牛村电子商务于2005年起步，主要经营以山核桃为主的坚果类炒货食品，截至2012年，共有56家网店。其中绝大部分是淘宝网店，并且近1/4的商户网店信誉度在三个皇冠以上，1/5的店铺年销售额超过了200万元，其中最好的一家年收入达到了800多万元。大部分网店以家庭经营形式为主，员工为3～4人。规模较大的网店员工则较多，有10～20人。2015年，有6家网店合并为一家，按照销售、管理、货物配送、产品加工等环节分工合作。这说明白牛村在电子商务经营方面不断整合创新创新，正在寻找合作共赢的经营方式。整合后的大商户在加工等环节采用流水线的方式提高效率，颇有一种现代化工厂的氛围，这为打破传统工商业与现代电子商务的壁垒创造了可能。

在临安市政府的大力扶持下，白牛村2014年电商销售额达到2亿元。在山核桃与山核桃仁的销售方面，白牛村在当地都遥遥领先，销售额位居第一。近年来，白牛村还在村里引进了线上线下相结合的新概念超市，进一步推进了村内的电子商务化。由于成果显著，2015年阿里巴巴在白牛村建立了村级服务站，在白牛村内随处可见与淘宝经营有关的标语。

白牛村的大部分村民都盖起了别致美观的小别墅，可见电子商务大大改善了村民的生活。为了在村里营造电子商务的氛围，村里的垃圾桶也被设计成了“天猫”logo的造型，相当可爱，而且还配上标语，给人留下了深刻的印象，可见

---

* 本文由蔡晴茵、纪元、蒋天蓁、吴韶、毛若松合作完成。

白牛村精神文明的发展水平也在随着物质文明的发展而提升。白牛村的电子商务不但促进了经济的发展，还为许多年轻人提供了工作岗位。现在大学生就业竞争异常激烈，而白牛村的年轻人则多了一个选择——回家经营网店，有时候这甚至比在城里工作能赚更多的钱。

二、白牛村电子商务发展路径——"白牛村模式"

白牛村的电子商务在过去的十年时间里得到了迅猛的发展，并形成了独特的"白牛村模式"。所谓"白牛村模式"，是指网商自发在淘宝等第三方专业电子商务平台上开设网店，进行农产品销售的模式，就是C2C模式。

（一）一体化的生产加工流程

借助产地优势，白牛村主要经营山货食品，经营方式已经从传统的农户经营转变为农村网商经营。网商为了保证质量，往往自己先向农户收购山核桃，再拿到正规炒货企业进行加工，同时雇用村里的工人对山核桃进行包装，从收购到打包出货全程都有专人把关，对商品质量会进行相应的质量监控。

如今，随着电子商务的发展，市场竞争愈发激烈，村民也在不断探索新的发展模式。以采访的农商许兴家的"文文山核桃"为例，他们通过商家之间的合并形成一定的规模效应，降低生产成本，同时对各个生产加工环节的分工进行细化，将山货生产做得更为细致。

（二）多样化的营销宣传手段

在白牛村，不同规模的农商有不同的营销策略。年销售额在100万元以下的商户主要通过亲朋好友以及贴吧等互动平台进行宣传，而像"文文山核桃"这样的大型商铺，其营销手段更为多样，它们更愿意参与到淘宝网的付费营销活动中，以此提高品牌知名度。此外，由于白牛村靠近昌化镇，有多家快递公司在此设点，其出货的通道也非常畅通。

（三）强有力的政策支持

为了扶持白牛村电子商务的发展，政府给予了诸多的支持。在资金方面，提供信贷支持，对农商贷款收取较低的利息，同时，杭州市财政局、农业和农村工作办公室联合出台了《杭州市农村电子商务项目资金管理办法》，对优秀的农业电子商务企业、电子商务特色村给予一次性奖励；在管理方面，白牛村建立了村级电商协会，由村里的大学生张青担任负责人，引导农商的健康发展；在服务方面，白牛村引进了村级服务站，搭建起了公共服务平台，为村民提供代购服务；在宣传方面，村里多处贴有淘宝宣传标语，并建立了淘宝坚果城，进一步提高知名度。

白牛村巧妙地将电子商务和农产品营销相结合，一改传统的生产经营模式，为村里的经济发展注入了新的活力。

农业“触网”以来，“淘宝村”呈现井喷的发展态势。阿里研究院2014年发布的《中国淘宝村研究报告》显示，2013年中国“淘宝村”数量仅为20个，而2014年12月已增至211个。其中，浙江、广东、福建、河北、江苏5省的“淘宝村”数量占比之和超过全国的90%。① 以“淘宝村”为代表的农村电子商务正深刻改变着中国农村的面貌。

三、白牛村电子商务发展经验

(一)拓宽销路，增强了农产品的市场竞争力

以白牛村为例，每年秋天山核桃丰收之时，销路和价格对村民来说是两道难解的问题。电商兴起后，村里的年轻人开了淘宝店，如今电商几乎扎根家家户户，白牛村已经形成了以坚果炒货为特色的“淘宝村”。产品不但遍销全国而且行销海外，有的淘宝大户一年就能卖掉60多万斤山核桃，许兴家的“文文山核桃”年销售额2014年年底突破了2000万元。农产品的市场竞争力、市场美誉度大大提高。

(二)形成产业集群，带动周边行业发展，推动农村基础设施建设

一进入白牛村，便可看见一面涂着“我们是快乐的淘宝队”字样的墙壁。里面便是由村里6家最大的淘宝网店集聚成的线上销售和线下生产一体化的“网店”实貌。围绕着生产商、供货商、网店和物流公司、网站制作公司、产品摄影和图片制作服务商、包裹材料公司以及生活上的各类配套服务机构，共同组成了一条完整的电子商务产业链。与此同时，村里的主干道建设、Wi-Fi覆盖、光纤入网以及物流的发展、金融定点机构的引进，也得到了较快的发展。

(三)解决村民就业问题，提升了农村幸福指数

淘宝村的一句口号是“在外东奔西跑，不如在家淘宝”，确实，淘宝村的发展为当地人提供了一条就业本地化的路径。本地就业扩大，淘宝商户离土不离乡。在白牛村接待我们的淘宝店店主湾涛，今年只有23岁。据他介绍，前些年年轻人都涌入附近的县市打工，农村出现大量空巢老人；现在农村电子商务的

① 淘宝村改变了中国农村[N].人民日报(海外版)，2014-12-26。

发展为年轻人在家创业提供了机会，这对改善家中老人的健康状况、提高家庭生活质量非常有帮助。而当地政府也会提供更好的公共服务来留住人才，从而进一步提升了农村社会整体的幸福指数。

(四)释放农村消费潜力，农民消费方式城市化

与普通农村相比，淘宝村的一大特点就是村民收入更高而且更习惯于网上购物。农村电子商务的发展，也使得农村中老年人成为电商的客户群体。在白牛村，有3家超市开通了代理网上采购的服务平台，帮助农民满足其日常购物需求。无论消费者身处繁华街市，还是偏僻山村，只要接入互联网和快递网络，就能享受到同样价格、同等品质的商品与服务。这对于释放农村市场消费需求、刺激农村经济活力有重要的意义。

因地制宜，以茶致富

——西湖龙井村调研*

一、龙井村概况

龙井村位于西湖风景名胜区西南面，东临西子湖，西依狮峰山，南靠钱塘江，北抵南北高峰，四周群山叠翠，云雾环绕，以盛产顶级西湖龙井茶而闻名于世，被称为“茶乡第一村”。村内常住人口800多人，拥有近800亩的高山茶园。

龙井村的茶农户生产是以家庭为单位的小农户生产和种植，分散经营为主。在龙井村内也有专门的茶叶公司，向茶农收购茶叶，加工后供顾客购买。茶田面积的分配根据每户人口数，采取抓阄的形式，每家茶田面积均小于10亩，一般每户茶园面积为5～6亩，每亩产茶15千克左右。

二、龙井村发展面临的主要问题

第一，卫生环境不理想。龙井村虽处在风景优美的西湖风景名胜区中，但村容村貌“脏、乱、差”以及基础设施不完善等问题依然存在，给龙井村的进一步发展造成很大的障碍。

第二，产业单一。半个多世纪以来，龙井村凭借其得天独厚的自然环境与历史文化传统，以茶叶的种植、生产、销售为其主要生产方式和生活方式，然而龙井茶的产量有限，仅凭茶叶，经济结构过于单一。如何充分利用龙井村的资源优势，用龙井茶带动第二、第三产业的发展，优化调整农业结构，拓宽农民增收渠道，充分挖掘农业内部增收潜力，是龙井村未来发展的关键问题。

---

* 本文由王子莹、劳玮炜、凌丹华、舒畅、马丁合作完成。

第三，品牌保护力度不够。龙井茶从古至今都是百姓心中的“绿茶之王”，西湖龙井是块“金字招牌”，其出售基本上是“皇帝的女儿不愁嫁”。然而近年来市场上开始出现各种假冒品牌的“西湖龙井”，严重损害了原有品牌的形象和利益。如何打击假冒品牌、保证西湖龙井的品质和品牌效应，同时深入挖掘与开发龙井茶的文化内涵，推动西湖龙井品牌的国际化等，都是未来发展需要解决的重要问题。

三、龙井村“以茶致富”的主要措施

为响应党的十六届五中全会提出的建设“生产发展、生活宽裕、乡风文明、村容整洁、管理民主”的社会主义新农村的号召，龙井村以科学发展观和中央新农村建设的若干意见为指导，在广泛征集专家意见的基础上，出台了《龙井村社会主义新农村建设规划》，在西湖区综合保护工程的支持下，政府对于西湖龙井村进行了多方面的建设改造，成果显著。这些举措涵盖了基础设施、产业规划、科技创新、品牌文化等各个方面，详述如下。

（一）西湖综合保护工程对“景中村”的村庄整治

龙井村的规划建设可以从2002年开始的西湖综合保护工程说起。整个保护工程从杨公堤、湖滨、南山路等环西湖一带逐步延伸到景区，政府对龙井村等西湖风景区中的十几个“景中村”进了村庄整治（龙井村于2005年整治完毕），使各“景中村”的村容村貌焕然一新，为龙井村等其他景中村的建设发展奠定了硬件基础。

“景中村”的村庄整治主要包括两个方面。

一是基础设施改建。包括自来水的供应，污水处理系统的建造，电力线、网线、电话线等线路统一改建埋到地下，既完善了村庄的基础设施，提高了村民的生活水平，又使村容村貌变得干净整洁。

二是立面整治。对龙井村家家户户的住宅进行了改建，统一为“白墙、黑瓦、木格窗”这一江南山地民居风格。在不影响整体和谐的宏观布局的前提下，主张“和而不同”，鼓励村民有一些自己的小创意，譬如布置自己的庭院、装饰自家的小屋等，使家家户户都能有自己的特色。通过整治，龙井村再现了茶乡农居溯溪而上、择水而居的山地景观风貌，村容村貌焕然一新，为龙井村休闲观光旅游等各方面的发展奠定了良好的基础。

（二）茶叶种植业、茶叶加工业、观光休闲旅游业“三管齐下”

1. 茶叶种植业

一是出台各种保护条例，严格控制和规范西湖龙井茶基地的征用，保证龙井茶种植基地及后备基地的面积和质量。全力做好种质资源保护提升发展工作,现有茶园既要保护好,又要发展好,完善茶园基础设施和标准化建设。

二是开展龙井茶统防统治工作,进行茶树病虫害绿色防控与专业化防治。

三是政府通过补贴宣传等方式,鼓励村民种植品质高的老龙井而不是上市早但口味品质不如老龙井的新品种,施用对龙井茶品质有益但价格较高的“茶籽饼”等有机肥,发放制茶专用油等,通过一系列措施保证龙井茶的口味品质,维护“金字招牌”。

2. 茶叶加工业

在景区外建设村集体茶叶加工企业,提高茶叶深加工和茶叶综合利用水平,着力挖掘茶叶的附加值,一方面壮大村集体经济实力,提高村民的生活水平,另一方面充分挖掘龙井品牌优势,在龙井茶系列产品上打响龙井村品牌。

3. 观光休闲旅游业

经过村庄整治,龙井村面貌焕然一新,基础设施相对完善,优美的风景、丰富的旅游资源吸引了游客的到来,“农家乐”“青年旅社”等旅游服务业自发地在龙井村形成并发展。村民们利用现有资源,开设农家特色旅馆、茶吧,提供特色茶膳、农家茶楼表演节目等吸引旅客。龙井村在以种茶经济为主体的情况下,逐渐诞生了“泡茶经济”“茶楼经济”等,产业结构出现以“种茶和服务”这样一个第一产业和第三产业结合的形式。村民的收入渠道拓宽,收入增加,得到了实实在在的经济收益。

政府规划开辟了具有一定规模的生态茶园示范区,通过茶树栽培、采茶农活等方式为游客提供感性体验。利用村集体物业和沿街农居住宅,开辟茶叶炒制、茶文化讲解、茶叶贸易等多种方式的交流区。规划建设古民居展示区,恢复和修缮了一批具有西湖景区山地特色的明清古建筑,挖掘龙井村古民居建筑文化,并辅以历史解说。

此外,政府每年组织“手工炒茶”比赛,决出年度“炒茶王”,以此引导村民继承炒茶这一民间技艺,传承古老的文化;开展“村与村之间的产茶大比拼”、“星级茶楼”的评选活动等;同时坚持“保护第一”的原则,预防休闲旅游发展可能带来的如肆意排放污水、在村内乱放广告牌等不良现象,引导经济良性、可持续地发展。

(三)大力推动农业科技创新

为了应对茶叶出口的技术壁垒,提高龙井茶的品质,龙井村将规划建设出口茶叶种植基地,把茶叶的日常生产、农药、化肥等纳入统一管理轨道。

2012年9月，西湖风景名胜区管理委员会与中国农业科学院茶叶研究所举行西湖龙井茶产业科技战略合作签约仪式，协议的签订标志着浙江省西湖龙井茶核心产区和我国茶叶最高科研机构建立了全方位的战略科技合作关系，有利于进一步提升西湖龙井茶品牌的知名度和美誉度。

如何充分利用西湖龙井秋茶？制作生产龙井红茶，是西湖龙井茶未来科技创新的一个重要方向。对于开发龙井红茶，各级主要领导非常重视和关心，多次进行调研；杭州市相关部门也制定了相应政策，大力支持开发。在西湖龙井茶产区的梅家坞，已经有首批研制成功的"钱塘梅红"问世，龙井村也将加快开发龙井红茶的脚步。

（四）维护、挖掘、提升龙井茶品牌文化

在品牌保护方面，2011年6月"西湖龙井"国家地理标志证明商标注册成功，"西湖龙井"已经国家工商行政管理总局商标局认定并公布为"中国驰名商标"。至此，西湖龙井结束了由于在流通领域没有专属商标注册和使用，对非西湖产区的假冒西湖龙井茶没有法律依据予以打击的尴尬局面。杭州政府以"西湖龙井"地理标志证明商标成功注册为契机，实施了"七个一"举措，包括保护一片种质资源、共保共护统一品牌、发挥好一个行业协会作用、建立巩固一批手工炒制中心、开展统一植保服务、择优扶持一批龙头企业、修订完善一部法规，有力地巩固了西湖龙井茶在绿茶中的龙头和精品地位。

在龙井茶宣传上，2012年3月龙井村举办了"西湖国际茶文化博览会暨西湖龙井开茶节"，现场演示百锅炒茶，展示手工炒茶技艺，举办茶村踩街、百道茶宴、茶叶展销、龙井茶专题讲座等活动，弘扬了西湖龙井茶传统特色，进一步促进了西湖龙井茶产业的保护与发展。村里的年轻人利用自己的微博，图文并茂地实时发布销售信息，打开了崭新的网络销售渠道。

在茶文化传播方面，龙井村注重茶文化的挖掘、营销与普及，记录与龙井村有关的历史碎片，及时整理成文，体现龙井村特色；同时把握国际化趋势，围绕茶文化、茶旅游、茶产业开展多角度、宽领域的营销，注重文化、产业、旅游三者的融合，推动茶史、茶文、茶艺的整理和传播。

四、龙井村"以茶致富"的启示

第一，基础设施建设在新农村建设中十分重要。基础设施的改进一方面可以提升旅游景点门槛人数，另一方面对村庄本身建设作用巨大，对于村民生活水平的提高、知识文化的跟进也具有很大作用。龙井村在进行基础设施建设之

后，才有了“农家乐”“青年旅社”等产业模式，酒楼、茶馆才得以建成，甚至在网络设施完善之后才有了“淘宝龙井”这一新的销售渠道。

第二，地域的发展要强调特色、因地制宜。龙井村依山傍水，有着良好的地理环境与风景优势，龙井茶更是本村的特色优势产品，龙井村始终围绕“龙井茶”这一优势核心，充分结合自身的资源特征，采取一系列因地制宜的措施，才取得了现在的成果。

第三，要充分挖掘并发挥历史文化在经济发展中的作用。茶叶文化在龙井茶叶的销售中不可或缺，茶叶文化也铸就了西湖龙井的与众不同。茶文化的普及创造了茶叶旅游，促进了茶叶销售，提升了其本身乃至整个杭州的文化底蕴。

第四，科技是第一生产力，要注重科技创新在农业生产中的重要作用。龙井村的茶叶种植近年来与农业科技相结合，在产量上升的同时不改变原有品质，提升了狮峰龙井的市场竞争力，科技创新在未来还将发挥更大的作用。

第五，合理规划调整产业结构，积极引导第二、第三产业发展，切实提高农民收入。龙井村由于规模有限，原有茶叶种植所带来的经济效益也有限，而在此基础上发展茶叶加工、旅游服务业后，村民收入水平显著提高。

温岭石雕产业发展调研*

一、调研背景

温岭石雕历史悠久,但是近两年石雕行业发展势头有所下降。出于身体方面的考虑,当地很少有人愿意从事该行业,而外地人一般很难学到精细的石雕手艺。石雕工艺的传承与发展面临着很大的挑战。如何规范石雕行业发展,保障石雕工人的利益,解决石雕产业发展中的种种问题,值得我们思考。

二、温岭石雕产业发展现状

1. 石雕产业在温岭没有实现集中化管理

零零散散的小作坊聚在一起,成不了大规模产业。我们在箬横镇浦岙村调研时发现,当地是以一个个小作坊拼成加工厂,加工的场地杂乱且嘈杂。与福建的石雕加工厂大为不同,这里没有一个大老板,大家都是自己经营自己的。据了解,浦岙村的小老板基本上是本地人,他们本来也都是手艺人,收了几个徒弟后,也开始慢慢雇用工人,走上对外加工的道路。这里工人每天的工资为200～400 元,一年下来可挣到 5 万～8 万元。

2. 从事石雕的手艺人越来越少

我们在与当地石雕商会会长林法清交流时,他提出了两点看法。首先,随着社会经济的发展,台州有许多人外出打工创业,温岭当地的年轻人受这一潮流的影响,也都想外出打拼,干出自己的一番事业,所以大多数人都不愿意从事这门没有大出路、没有太大发展前景的手艺。其次,近些年来有许多石雕艺人,

* 本文由叶腾远、陈嘉祥、王之轩、沈晗晓合作完成。

由于雕刻中吸入粉尘，或受石材放射性的影响等，患上肺癌等职业病，寿命往往很短。所以，一般家庭只要条件稍微可以，都不会让自己的孩子从事这一行业。现在，温岭的年轻人大多已经不会从事石雕这一行业了。

3. 石雕工人的安全和福利无法保障

温岭虽然有许多石雕企业，但它们只是在接到订单时才雇用一批“挂名”的工人，实际上那个企业仍然是“空头企业”——企业名下没有固定的职工。大多数石雕工人也不给自己买社保，很少有石雕企业会主动提供保险或相应的补贴。毫无疑问，这样的制度不仅导致石雕工人的安全与福利无法保障，也使整个温岭的石雕行业处于不稳定状态。石雕工人往往因此而有所顾虑，自然也会有许多年轻人因为这个行业的潜在风险而不愿进入，间接导致了石雕行业发展乏力。

三、温岭石雕产业发展面临的困境

1. 缺乏文化内蕴

尽管在行业内部，温岭石雕在全国乃至全世界都赫赫有名，在网上，温岭石雕也被宣传为非常具有文化价值的品牌，但是在当地调查的时候，我们发现石雕中蕴含的文化价值几乎为零，石雕工人仅仅将其作为一种赚钱的手段。

2. 传承和创新困境

众所周知，石雕加工中产生的粉尘很多，对人体肺器官有很严重的危害。由于这种职业病，当地人基本不会从事该行业。做石雕的基本上是外地人，外地人看重的更多的是工资，所以哪里薪水高往哪里跑，这样就很难学到精细的手艺。我们在调查的时候发现，很多老师傅都感慨收不到徒弟，而自己的手艺就这样失传了。

3. 政府关心少

尽管石文化是温岭的名片，但当地政府并不是特别关注石雕产业，政府更鼓励发展的是鞋业、轻型机械行业等，所以政府的补贴、石雕工作人员的医疗保障都很欠缺。在调查中，石雕厂主均表示近年来工人越来越难招，这会导致石雕产业的衰落。

4. 污染问题

近年来国家强调经济发展与环境保护，各地积极发展绿色产业，强调环境保护。石雕产业由于管理不规范，粉尘很多，噪声也很大，当地居民普遍反对其发展。

四、温岭石雕产业发展的建议

1. 加大石文化宣传力度

可以邀请当地电视台、老一辈石雕手艺人挖掘石雕中的文化内涵，制作精美的纪录片；在当地学校宣传温岭石文化，将石文化融入课本；同时，网络宣传也是一个重要渠道。

2. 传承发展石雕工艺

可以在当地技校开设石雕专业，培养石雕人才；也可以举办石雕工艺大赛，邀请石雕人才参加比赛；鼓励石雕企业、石雕大师参加国内外文化艺术交流活动以及各类经贸会展活动，以寻找石雕产业发展的新方向。

3. 政府加大扶持力度

培育石雕龙头企业，打造工艺美术品牌；举办石雕展、石雕节，提升石雕的艺术价值；进一步提高石雕工艺生产集约化程度，着力培育石雕产业基地，加快石雕村(镇)建设；规范石雕和市场，为石雕工业园区的建设提供帮助，制定石雕行业加工操作规范等。

4. 做好石雕产业申遗工作

山东嘉祥、浙江温岭、福建惠安、浙江青田、河北曲阳、台湾埔里均是中国石雕之乡。各地的石雕各有特色，在我国历史悠久。在漫长的石器时代，石器加工是岭南原始先民谋生的手段。在珠江口的香港、澳门、珠海发现多处岩刻，以复杂的抽象图案为主，采用凿刻的技法，尤以珠海南水镇高栏岛岩刻为巨，最大的一幅高 3 米、长 5 米，明文凿刻，线条清晰，从复杂的线条中还可辨认出人物和船刻。可见石雕历史悠久，而石雕行业目前遭遇瓶颈发展期，通过申遗可引起更广泛的关注和资金支持，促进石雕产业的良性发展。

5. 将石雕产业与旅游业结合

将石雕文化纳入石文化范畴，在每年举办的“石文化节”中增加石雕大赛、石雕博览会、石雕展销会等环节，也可开发供人赏玩的小型石雕，小型石雕题材广泛、价格较低、制作时间短、携带方便，易于与旅游业结合。

温岭石雕在全国各地都很有名气，所以石雕产品的销量还不错。很多石雕产品比如香炉都送往寺庙，温岭本地有很多的佛堂佛庙，所以这些产品都是供不应求的。比如石狮子，很多企业会订购，放在企业的门口起装饰的作用。当然，这些石狮子的价格是香炉的好几倍。近些年来，厂家也引入了新的机器，大大提高了生产效率，现在一个中等大小的石狮只需要 2 天就可以完成，而以前则需要7～8天，所以温岭石雕产业的利润空间也是很大的。但是政府的不够重视以及其他原因导致石雕产业发展受阻。我们认为，石雕产业的良性发展需要政府的支持，如规划专门的石雕工业园区，保证石雕产业的有序发展，并出台一定的政策保障石雕工人的权益。

温州洞头农信联社"马力贷款"破解渔民融资难*

一、调研背景

位于浙江省温州市的洞头县，拥有浙江省仅次于舟山渔场的第二大渔场，面积达 4810 平方千米，长年洄游的鱼虾多达 300 多种。但随着过度的捕捞，渔业资日益枯竭，我们在对当地渔民的走访中也听到了很多这样的声音：现在捕鱼难，渔船越造越大，渔场越来越远，鱼虾却愈来愈少。这样的状况有来自各方面的原因，如全球气候变暖、海洋环境污染、人类捕捞过度等。总之，海洋生物的生存条件日益恶劣，海洋捕捞业面临更多的难题，鱼虾捕获量更不稳定。

如何更好地稳步促进洞头海洋经济发展，已成为当前洞头亟待解决的问题。

对这些渔民而言，资金显然是焦点问题。一直以来，渔业生产资金投入量大、风险系数高、资金流动性较强，目前的情况更是加剧了其中的风险。这些使得渔民融资难、担保也难，想扩大生产就是找不到钱，以前主要靠小额保证担保贷款来解决，但是贷款的额度不大，很难满足渔业生产的资金需求，有的人就转而走民间借贷的路子，利息高不说，还很容易产生纠纷。

二、洞头县农信联社破解渔民融资难的主要举措——渔轮"马力贷款"

如何解决这一问题呢？借温州作为金融综合改革试验区的东风，洞头县农

---

* 本文由胡文硕、杨祎雪、陈洁薇、苏雯、林碧夏合作完成。

村信用社联合社立足地方实际，解放思想，积极应对，开拓创新，直面渔民当前最焦点的问题，推出了渔轮“马力贷款”，拓宽融资渠道和融资能力，解决渔船“三修”(修船、修网、修机器)和渔业生产中的资金困难。

其一，根据马力瓦数，核定贷款额度。

以渔轮“马力瓦数”核定贷款金额，每千瓦(1 千瓦＝1.36 马力)可以获得 2500 元贷款。也就是说，马力小的渔轮如 200 千瓦，可以获得 50 万元贷款；马力大的渔轮如 300 千瓦，则能贷到 75 万元。这一做法不仅降低了渔民的贷款门槛，还提高了贷款额度。

其二，结合生产周期，确定贷款期限。

渔区渔民“三修”禁渔期，要修船、修网、修机器，禁渔期过后渔民将迎来生产旺季，购油、购冰等生产资金需求量大。洞头县农信联社渔轮“马力贷款”的期限尽量做到与生产周期吻合，贷款期限在 1 年以内，到期日以 10 月至 12 月为主，避开“三修”禁渔期，确保渔民贷款还款来源充足，保证渔业生产资金需求。

其三，整合流程环节，简化贷款手续。

洞头县农信联社多次与登记部门沟通，简化贷款手续，减少登记材料滞留时间，提高整个流程的效率。目前，渔民只需确保渔业捕捞许可证书、渔业船舶检验合格证书和渔业船舶国籍登记所有权证书等“三证”齐全，并到洞头县海洋渔业部门一次性办结“贷款资质”审核登记手续，随后到信用社营业网点办理贷款发放手续，1～2 天即可拿到贷款，大大提高了放贷效率，及时满足渔民资金缺口。

其四，把握政策契机，筹集专项资金。

由于贷款需求旺盛、贷款额度大，洞头联社筹集专项资金，用于渔轮马力贷款，满足渔民正常渔船“三修”、渔业生产资金需求。洞头联社紧抓“金改”各部门政策倾斜契机，多方争取政策支持，通过支农再贷款和放宽存贷比监管指标等方式，扩大渔业、农业贷款规模，加大涉农贷款与小微企业扶持力度。

三、温州洞头农信联社“马力贷款”的主要成效

我们了解到，像“渔轮马力贷款”这样的金融创新型抵押贷款项目，温州各家金融机构此前也曾推出过不少类型的贷款项目，如林业权抵押贷款、知识产权质押贷款等，但市场接受程度远远不及渔轮“马力贷款”。我们通过调研发现，2010 年 11 月温州各金融机构推出了林农小额循环贷款、林权直接抵押两种

贷款模式，形式新颖、利率优惠、贷款额度高，但直到 2012 年 6 月底，累计只办理出林权抵押贷款 14 笔，贷款金额不足 90 万元。知识产权抵押也遭冷遇。

相比之下，渔轮“马力贷款”一经推出就受到广泛的好评，其成效也颇为显著。

自 2012 年 6 月底推出以来，休渔期里在家休息的渔民们闻讯后，纷纷上门来办理贷款，仅一个月就为 59 位渔民办理了渔轮“马力贷款”，发放贷款 2249 万元。这数千万元贷款，帮助很多渔民解决了实际困难，受到渔民们的欢迎。

四、温州洞头农信联社“马力贷款”的经验

为什么其他的小型贷款不能成功，而“马力贷款”却能被广大渔民接受呢？通过调研与分析，我们认为原因有二。

其一，结合实际，不失创新。

渔轮“马力贷款”之所以获得市场认同，最主要的原因是洞头县农信联社从实际情况出发、从渔民的实际需求出发，不仅贷款门槛低，而且通过对渔轮马力做出估价，将渔轮马力进行量化，使每个渔民都能结合自己的实际情况拿到相应数额的贷款；贷款结合生产周期，渔民贷款还款来源充足；贷款不仅额度增大，而且中间手续简化，渔民从申请贷款到拿到贷款的时间大大减少，真正为洞头县渔民提供了方便。这项举措做到了从渔民生产实际出发，落到实处地解决渔民的资金问题，自然而然也就受到广大渔民的认可和欢迎。

其二，统筹兼顾，科学发展。

为了实现可持续发展，渔业资源管理部门设立了休渔期，而这项“马力贷款”的举措，也正是结合生产周期，确定贷款期限。渔区渔民“三修”禁渔期，要修船、修网、修机器，禁渔期过后渔民将迎来生产旺季，购油、购冰等生产资金需求量大，洞头县农信联社也只有在这个时候才会提供这项贷款；而且还款日期以 10～12 月为主，既避开了“三修”禁渔期，确保渔民贷款还款来源充足和渔业生产资金需求，也在一定程度上限制了部分渔民在禁渔期违规出海捕鱼。

能够结合实际、解决问题的创新，才是有生命力的创新；能够真正为渔民提供服务的创新，才是有生命力的创新。洞头县农信联社渔轮“马力贷款”为那些久久无法获得市场认同的创新贷款项目的设计乃至政府公共政策的制定提供了借鉴。

浦江嵩溪古村的“复兴”之路*

一、调研背景

浦江县白马镇嵩溪村建村已有840多年历史，由村中徐姓始建于宋代。嵩溪村三面环山，地处山谷，然而就在这小小的山谷中，至今依旧保存着宋代至明清时期的古建筑，如孝友堂、小门厅里、先得月、古三层楼等，不仅数量大，而且错落有致、布局精巧、独具匠心、巧夺天工、古韵十足，让人叹为观止、流连忘返。

时间在嵩溪古村停滞。村内所见，到处是岁月镌刻的遗存，宋明清的建筑，民国的墙画，“文革”时期的语录。840多年的村落历史长卷，就留在斑驳的泥石墙上，流在雨水打黑的瓦楞上，画在被日子浸黄的房板上，刻在方格、菱形和井字纹的窗棂上，铺在悠长悠长的小巷石板上，缥缈在徐氏宗祠、邵氏宗祠的香火缭绕中。

但是由于其地理位置偏僻，蕴藏的人文景观与自然美景很少为人所知，加之改革开放后村民大多外出创业、工作，并在城镇安家落户，许多古建筑遭到了不同程度的损坏，昔日繁华的“小杭州”也就因此而沉寂。让人欣喜的是，嵩溪村“养在深闺人未知”的状况在2014年年初开始改变，作为浙江省级历史文化古村落，政府投入巨资进行修建。

二、嵩溪村“复兴”的主要措施

2010年2月，政协浦江县七届四次会议第二次全体会议上提出历史文化名村嵩溪的保护开发应引起重视，要积极探索古村落保护开发的新机制。此后的

---

* 本文由张文静、黄张迪、李煜鹏、陈龙龙、庹强合作完成。

政府会议也多次将复兴嵩溪村提上议案。2013 年 6 月 8 日，浦江县嵩溪历史文化村落保护利用工程正式启动。

(一)道路建设

为改善农村公路通行环境，满足嵩溪历史文化村落保护利用的需要，浦江县政府首先加快了对通往嵩溪村的公路的建设步伐，拓宽路面，硬化道口，挖补坑槽、沉陷，平整路肩和边沟，补植行道树，有效地改善了城镇到嵩溪村的公路通行环境。

(二)村落的保护开发

1. 科学规划先行，宣传发动同步

浦江县政府将做好规划作为整个保护开发的点睛之笔，先后投入 200 余万元资金，委托浙江省古建筑设计研究院编制了《嵩溪历史文化名村保护利用规划》等，按照规划实施工作，结合“三改一拆”等专项行动，完成风貌协调区 4 户农户 2600 平方米房屋拆迁并给予安置，完成水口区域 22 户农户 12000 余平方米违章建筑的拆除、清运和复垦。结合“清三河”活动，嵩溪村被划分为 5 个党员卫生责任区，进行定时定人保洁，达到了“村容整洁、环境优美”的标准，被评为县“卫生十佳村”。领导小组进村入户，实地勘察，悬挂横幅，召开村民代表大会，通过印发《公开信》《历史文化名城名镇名村保护条例》，举办摄影展，拍摄《印象小杭州嵩溪村》纪录片等方式，多层次、广角度宣传嵩溪古村落。

2. 问题破解先行，政策处理同步

政府采取“先缴纳，早修缮”“不缴纳、晚修缮”的方法解决自筹资金的问题；采取“一宣讲二释疑三握手”的方法解决村民思想问题；通过制定并推行《立面修缮改造政策处理实施办法》《拆迁、降层政策处理实施办法》有效解决纠纷问题。

3. 抢救保护先行，利用开发同步

政府坚持“抢救第一”的原则，在不破坏总体风格的基础上，对古建筑进行整理、挖掘、修缮；做到“四个保护”，即原生态保护、原住民保护、原文化保护和原场景保护；在抢救保护的基础上，挖掘和利用其资源禀赋，科学规划和发展旅游业，大力发展农家乐、民宿、古村游、风俗游等，实现农民增收、乡村更美的良性互动。

4. 核心区域先行，风貌协调同步

嵩溪古村落分为核心区、风貌协调区、安置区以及观光农业区，各有特色，各有侧重，建设步伐层层递进。

(三)举办丰富多彩的对外活动

1.摄影

一直以来,嵩溪村都非常欢迎远道而来的摄影爱好者,对成群结队慕名而来者会热情地安排村民带他们欣赏村落独特的风景,并且定期举办嵩溪古村落摄影大赛。

2.书画展

嵩溪村自古多书画人才,为浦江书画之乡,曾举办过“嵩溪‘小杭州’,江南坎儿井”民间书画展。此外,还成立了嵩溪学社,常有书画大家前来举办习作展。

3.探险活动

嵩溪村的最大特色就是呈一明一暗形态的双溪,政府曾经举办了江南“坎儿井”溯源探险之旅,探险队员从村西的一处河道入口出发,向南至明、暗溪交叉口,再往北直至探险出口,就每个井口的长宽高度、溪边台阶的宽度、井口之间的距离做了精细的测量和记录。

4.乡村美食节

嵩溪村所举办的美食节颇富特色,它不仅让游客享受美食,还会向游客展示美食制作的整个过程。“舌尖上的浦江”还对嵩溪美食进行了专门报道,如嵩溪擂头馃、嵩溪观音豆腐、羊肉汤、烤茄子等。

5.乡村音乐会

嵩溪村举办过题为“书画浦江”的乡村音乐会,表演人员都由村民组成,表演项目包括昆曲演奏,古筝弹奏等。

6.割稻体验

秋收季节,嵩溪村还别出心裁地举办割稻活动,特地安排出一大片稻田,让城市居民和孩子们亲身体验收割稻谷的过程。

7.乡村旅游节

嵩溪村举办的“诗画浦江”乡村旅游节包括丰富多彩的文化体验活动,吸引了大量游客,打破了乡村的沉寂。

8.“板凳龙”

这是嵩溪村的又一大特色。每年正月初七到初十,村内都会舞起“板凳龙”,以向上天请求新的一年万事如意。一条长长的“板凳龙”穿梭在村落里,到处都是欢声笑语,热闹非凡。

三、嵩溪村“复兴”的主要成效

嵩溪村被誉为浦江千年古镇,其双溪被赋予“地下长河”、江南“坎儿井”等美称。2012 年，嵩溪村荣获“全国生态文化村”称号。2014 年，嵩溪村被国家住房和城乡建设部、国家文物局列为第六批中国历史文化名镇(村)；纪录片《印象“小杭州”·嵩溪村》在嵩溪拍摄；微电影《幸福在嵩溪》开机拍摄。嵩溪古村成为当地中小学组织春游、秋游的必去之地。

嵩溪村风景相守、文化驻守。亦步亦景亦文化的嵩溪村吸引了许多文人雅士前来观赏，并留下了许多赞美嵩溪的美文，如散文《静美嵩溪》刊发在澳门月刊《旅游视野》上，更有文人将嵩溪美景总结为“嵩麓灶烟、溪桥月色、东壁石斧、西岭秋阴、样畈禾浪、石潭龙映、庵岩晴雪”。

此外，宽敞平整的水泥路不仅方便了对外交通，而且可以使古村文化更好地展现与传承。

四、嵩溪村完美“复兴”的启示

白墙灰瓦、古江南韵味十足的嵩溪古村凭借其独特的人文景观和自然景观，再加上丰富多彩的活动，实现了完美复兴，以一种新的面貌展现在众人面前，一夺明清时期“小杭州”之美誉。

嵩溪古村的完美“复兴”给了我们以下思考与启示。

传统古村落保留着较多的历史足迹，拥有许多特色的民俗民风，具有悠久的历史和深厚的文化底蕴，是我国数千年农耕文化的结晶。在改革开放的当下，在城市化进程加快与商业氛围日趋浓厚的今天，如何做好古村落文化保护与开发，使古村落获得新的发展契机呢？

我们认为，除了加强对古村落的合理规划，保护好古村落传统建筑风貌外，还要善于挖掘、整理古村落蕴含的丰富的人文精神和文化内涵，注重对乡村人文生态的保护和利用。

首先，古村落传统文化也像古村落建筑一样，面临失传或消失的危险，应利用各种技术手段对古村落文化进行抢救性保护，在此过程中还要整合地方人力资源，重视专业人才的培养，加强古村落文化的理论研究，不断挖掘古村落传统文化的丰富内涵。

其次，正确区分民俗文化与“封建迷信”，以更加宽容的态度对待传统文化。

最后，注重乡村人文生态的保护，促进精神文明建设。要注重保护农村传统文化中的人文生态系统，发挥古村落传统文化的教化作用，使之转化为巨大的精神财富，更好地为构建和谐社会、促进农村精神文明建设服务。

浙江农村基层民主建设调查

——以桐乡市高桥镇范桥村为例*

一、调研背景

桐乡市地处浙江省北部，是一座景色宜人、历史悠久的城市。谈起桐乡，许多人首先想到的大概是其丰富的旅游资源、优美的自然环境，然而实际上，桐乡的基层民主建设同样足够出色。

在民主监督方面，桐乡市已推行“阳光党务”的党务公开形式，除了涉及党和政府的机密外，热点、焦点问题全部公开，比如干部个人财产、出国出境等详细情况的公开，敏感问题也变得不再敏感，真正做到了“与其攥紧拳头让大家猜，不如张开手掌让大家看”。

同时，在民主决策方面，桐乡人民也明显具有更大的积极性。越来越多的桐乡人民在遇到困难或有需求时会向镇上或村里提出来，镇、村很快就会给出答复，公布进展情况。即使无法解决，镇、村干部也会向大家说清楚理由。对于政府工作，桐乡人民能够积极发表自己的看法，提出自己的建议，由此政府与人民做到了相互信任、相互配合，这无疑更有利于政府工作的开展。

除此之外，桐乡在其他方面的工作也进行了许多有益的尝试与创新。在民主法制建设方面，桐乡“民主法治村（社区）”工作建设取得了不错成就，获得了社会各界的好评。桐乡政府的工作也受到了各界人士的支持，令人不禁感叹：“桐乡就是个出经验的地方。”

范桥村位于桐乡市高桥镇中心，全村面积 2.2 平方千米（3300 亩），25 个村

---

* 本文由张文静、黄张迪、李煜鹏、陈龙龙、庹强合作完成。

民小组；全村总户数587户，总人口2349人，党员77人；农民收入以务工、务农为主。为了解浙江农村基层民主的建设情况，我们小组将范桥村这个普通的小村庄作为调研对象。经过走访调查，我们了解到，范桥村在基层民主建设方面取得了不错的成绩。近年来，范桥村"两委"在党的十八大精神指引下，以村庄整治和村级集体经济壮大工程为抓手，务实创新，扎实工作，努力将范桥村建设成为村庄美、百姓富、班子强的社会主义新农村，村民收入水平和生活水平都有了显著提升。

二、范桥村基层民主实施概况

(一)民主选举

过去的范桥村是个小村庄，当时的村主任和其他村干部的选举都是通过召开村民大会进行直接选举。村里的大事也是在村主任的组织下，通过召开村民大会，大家一起讨论决定。随着时代的发展，如今的范桥村已经有了587户人家，共2349多位村民，除了村主任仍然通过直接选举产生，村里其他干部的选举方式也从原来的直接选举改成了间接选举。整个村庄根据村民住宅划分区域，设立25个小组，每个小组先选出代表，往往由德高望重的老人或者受过较高教育的年轻人担任，再召开代表大会，进行村干部选举。选举采取的是记名投票，从干部候选人中选择，村民中凡是年满十八周岁并无较大劣迹的人均可参与选举，成为候选人。

为了进一步完善村民代表会议制度，发展基层民主，2011年3月12日，范桥村通过了《高桥镇范桥村村民代表会议制度》。该制度是基于《村民委员会组织法》等规定，结合村庄实际而制定的。

(二)民主决策

在范桥村，村民大会、村民代表会议是村民委员会实行民主决策、民主管理、民主监督的有效形式，其中村民代表会议由村民委员会负责召集，讨论决定村子里的一些与民生息息相关的重要事务。村民代表会议有会议记录，工作报告、会议议题，讨论情况、表决结果和通过的决定、决议等都要整理成卷存档。村民代表必须及时主动地把会议的决定、决议传达到各村民小组。村民代表由村民小组选举产生，此外，范桥村的各级党代表、人大代表、政协委员可以列席村民代表会议，但对会议形成的决定、决议没有表决权。村民代表中，妇女有适当名额，村民代表产生后，向全体村民张榜公布，并报镇政府备案。

村民代表会议事关村民切实行使民主决策的权利，而其所覆盖的职权更是与村民的切身利益相关。村民代表会议行使的职权有：村建设规划，经济和社会发展规划、年度计划；村集体经济所得收益的使用；村级道路等村公益事业的经费筹集方案；村级经济项目的立项，承包方案及村公益事业的建设、承包方案；村民的承包经营方案；国家计划生育政策的落实方案；宅基地的使用方案；村民会议认为应当由村民代表会议决定的涉及村民利益的其他事项。这些职权无不与村子的发展和村民的利益息息相关，而这样的决策都是由村民代表在代表大会中共同决策的。

由此可见，村民代表的选择至关重要，村民代表不仅要维护本小组村民的利益，也要为村子未来的可持续发展制定明智的决策。所以村民在村民代表的选举过程中丝毫不敢马虎，代表一般都是选择村民认可的，办事公道、作风正派、联系民众的，在村民中有较高威信的人担任。除此之外，村民代表还要身体健康，有一定文化程度和参政议政能力，能正确地行使自己的权利和义务，在村民代表会议中能做到公平正义，合理使用表决、调查、反映意见和建议的权利，不为谋求私利，也不做只会唯唯诺诺的不作为派。

（三）民主监督

民主监督，指人民根据宪法赋予的权利，对国家各级代表机关和公职人员进行监督，以纠正各种违法行为，是人民民主的重要保障。此外，民主监督的形式也是多样的，在基层民主中，其主要表现为村务公开、党务公开、财务公开、村民民主评议村干部等。而以上几点在桐乡市高桥镇范桥村的基层民主实践中都得到了很好的体现。

首先是信息公开制度，范桥村在村委会办事处宣传栏内张贴了所有涉及公共决策和村委会运作的相关内容，比如村财务收入以及财务支出报表、村委员成员工资报酬表、村党员建设以及入党积极分子情况表、年度工作计划表等。特别要提到的是财务收支报表，该报表并不是只有简单的收入与支出条目，而是有细化的条目，将收入细化为经营收入、利息收入、投资收益、补助收入等，将支出细化为管理费用、农业发展支出、建设支出、公益事业支出等。而针对每一大项，又细化为许多小项，例如将管理费用细化为村干部报酬、办公费用、会议费用、差旅费等，甚至连水电费以及报刊购置费都单独列支。可见，范桥村在信息公开这一点上所做的努力是值得我们赞扬和学习的。

其次，范桥村有一套完整的程序化措施来开展相关信息公开的工作，建立了相关的村务公开监督小组以扩大村民对于民主监督的参与。因此，我们可以认为，在这样的一个过程中，群众的参与渠道是有保障的，群众的意见是可以表达的，群众的利益是得到制度保护的。

经过调研，我们发现，范桥村在民主评议村干部方面也已经建立了完善的制度（见图 1）并有了成熟的实践。从图 1 可以看出，范桥村的民主评议也是一个程序化的过程体制，具体包括村干部述职、村民大会评议和投票以及最后的落实奖惩措施。同时，为了保证评议过程的公平有序，在召开村民代表大会时会邀请上一级党委或政府的相关机构进行现场监督和指导。此外，在调研中，我们找到了范桥村 2014 年度的村干部民主测评结果（见表 1），相关结果还是比较能反映民主测评的一般规律的，我们甚至发现，有村民认为村书记不称职并且在廉洁自律方面做得较差。可见，范桥村的民主评议体制起到了一定的监督和警示作用。

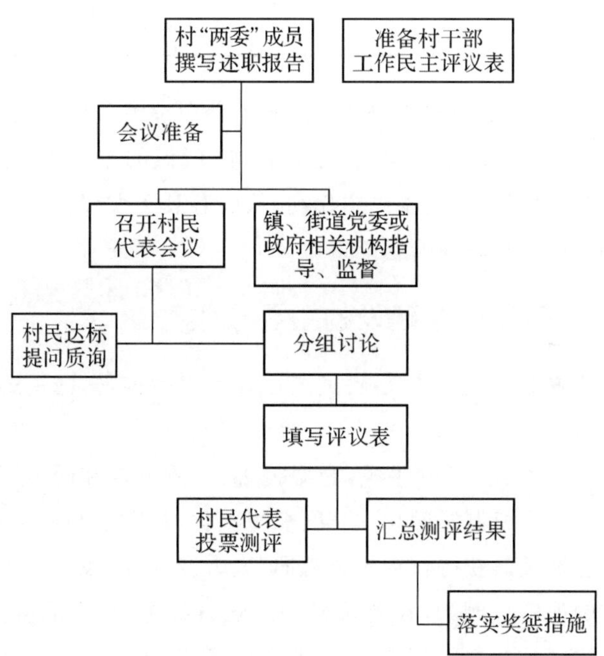

图 1　范桥村民主评议干部的流程

表 1 2014 年村干部民主测评结果

姓　名	职　务	现岗位称职情况				廉洁自律情况			
		优秀	称职	基本称职	不称职	好	较好	一般	差
陆××	村书记	37	14		1	38	9	3	1
朱××	村主任	38	13			40	8	3	
沈××	副书记	38	14			38	9	3	
张××	副主任	39	13			40	8	3	
周××	委员	38	14			39	9	3	
于××	委员	39	13			40	8	3	
陈××	委员	39	13			40	8	3	

综上所述，我们可以很明显地看出，桐乡市高桥镇范桥村在基层民主的多个方面(包括民主选举、民主决策、民主监督等)所做的工作和努力是富有成效的，充分保障了人民群众的基本民主权利，从而有利于发展社会主义民主政治，并为建设“美丽浙江”贡献一份正能量。

三、范桥村基层民主建设的主要成效

随着桐乡市高桥镇范桥村基层民主建设的不断推进，民主选举、民主决策与民主监督的运作程序得到了村民的广泛认可与赞同，村民和干部的互信程度加深。通过财务、党务公开的手段，利用公告、广播电视和网络等媒体形式，使得村委会内部的运行机制透明化、公开化、规范化，村委会与村民间的交流方式多元化。村民能够及时获得村务资金流向、人事变动、政策优惠等信息，避免因信息滞后导致的误解。例如，在范桥村的拆迁过程中，村干部挨家挨户为老百姓解释，回答疑难问题，立足于农民的利益，调解拆迁过程中发生的各种纠纷，对一些深受传统思想影响的农民进行开导。这一方面促进了拆迁工作的顺利进行，降低了纠纷发生的可能性，另一方面降低了管理和规划的难度，提高了工作效率。

民主选举、民主决策和民主评议是基层民主的重要保障，它们激发了广大群众的参政议政热情。范桥村的居民只要年满 18 周岁，就具有选举和被选举权，这是符合国家规定的，而候选者则主要通过演讲等方式竞选。民主选举的主要方式是召开村民大会，村民大多能够到场，一人一票，选出村主任。如今也加入了间接选举的方式，主要是用来选举其他干部。间接选举的成本更小，而且候选人与选民的关系更密切，更能代表其切身利益。解决一些重要村务问题时，范桥村采用了村民代表会议的形式，简化了流程却更适应了形势。这是因为村里大量的年轻人外出打工，他们本是村民中的核心力量，然而村民大会召开时往往不能与会。

除选举外，民主评议也是一项重要内容，它有利于强化权力监督，推进基层廉政建设。村民通过选出自己满意的村民代表，成立村民代表委员会，如果少数干部违背原则，侵害了村民的利益，就必然招致不满，在民主评议时，评分就会下降，评议结果汇报到镇里，直接关系到这些干部的前途。但要做到人人都无意见也是不可能的，所以在面对一些对村干部不满的现象时，我们应该客观看待，理性分析评议结果。因此，我们可以看出民主评议对基层民主的推动有着巨大的作用，同样也提高了公民的参政水平。

不得不说，基层民主的最大成效就是使村民的利益得到保证。村委会本着为人民服务的原则，全心全意为老百姓办事。从老百姓的角度出发，帮助村民解决生活中遇到的难题，促进了范桥村村民生活水平的提高。作为村民意志执行者，村委会一方面要把上级政府的政策落实到位以促进范桥村的新农村建设，另一方面还要向上传达民意，表达村民的诉求，帮助村民实现利益的最大化。例如在拆迁时，赔偿严格按照国家标准，杜绝特殊情况，以保证公平；拆迁的居民均有养老保险，全村居民纳入合作医疗，重点扶助弱势群体。作为政府和百姓之间的桥梁，村委会的工作任务是相当繁重的。虽然基层工作很累，村干部的工资也并不高，但是范桥村的村干部坚持为村民谋福利，帮助村民解决问题，争取村民利益的最大化。

此外，基层民主的完善也推动了农村的和谐稳定发展。民主制度不断巩固发展，从根本上确保了村民自治组织的健康运行，有利于化解各种社会矛盾，调解纠纷，避免矛盾激化导致的社会不稳定。村民自治有利于实现民主，帮助村民提高参政议政的能力；有利于村民自身素质的提高，改善干部和群众之间的关系；有利于基层民主建设的发展，推动村内各项工作的顺利进行。

四、桐乡市农村基层民主建设的启示

作为嘉兴市下辖的著名旅游城市，桐乡市的确是一个人杰地灵之地，而其基层民主建设更是值得我们学习。桐乡市能够创新民主的实现形式，在认真贯彻基层民主选举的基础上，发挥民间思想库的作用，充分听取村民意见、了解民情。此外，桐乡市相关乡镇充分发挥村民中具有较高政治素养的人的作用，让村民代表更为切实地代表人民的心声，反映人民的情况，同时也能够利用村民代表本身的政治素养，帮助其他村民实现其政治诉求和民生诉求。因此，我们认为，这样的形式能够很好地避免代表脱离群众的情况发生，也能够提升村民的参政水平，帮助村民在今后的民主生活中更好地参与其中。

面对现在新农村建设过程中的问题，我们也有一些自己的看法。由于目前城市化进程的推进，大量的村民离开了农村、离开了土地，而留在村里的大多是老人与小孩，这样的人口格局非常不利于村庄的建设发展，而外出务工者在政治参与方面也享受不到相关的民主权利。在这样的情况下，一个村庄将无法有效实现基层民主，而村民整体政治素养的提升也会遇到巨大的阻碍。对此，我们经过小组讨论后认为，在基层民主建设的过程中，同样要兼顾村内经济的发展，因为一个人只有在温饱问题得到解决后，才会去追寻其他的需要，例如政治参与、提高生活质量等。发展乡村集体经济有利于缓解村民大量外出打工的状况，也能够在一定程度上提升村民参与政治生活或者说基层民主的热情。

范桥村的民主或者说桐乡市的民主是有效的民主，它值得我们去学习和推广，同样地，对于其民主实现过程中出现的问题，我们也需要进一步思考解决。

在基层民主建设过程中，人民整体素质的欠缺会导致民主的实现不彻底，进而导致一些人操纵民主决策。因此，我们应该首先致力于增强人民群众的民主参与意识。在范桥村，很多女性村民是不参加村民选举等政治活动的，她们的选票一般由自己的丈夫或儿子代投，这样的行为不仅反映出这些妇女的参与意愿不强，同时也反映出整个范桥村的村民民主参与意识的欠缺，因而我们认为提升村民的参与热情是当地进一步发展基层民主的首要任务。

嘉兴市七星镇湘家荡村“两分两换”的改革探索*

一、调研背景

2008年4月，嘉兴市被确定为浙江省统筹城乡综合配套改革的试点。同年6月，“两分两换”政策在嘉兴市13个市镇推广开来。所谓“两分两换”，可做如下概括：将宅基地与承包地分开，搬迁与土地流转分开；以承包地换股、换租、换保障，推进集约经营，转换生产方式；以宅基地换房，换钱，换地方，推进集中居住，转换生活方式。改革户口制度，“农民”变“市民”，住公寓，拿“退休工资”。

二、湘家荡村“两分两换”的具体措施

由于拆迁，嘉兴七星镇湘家荡村附近农民集体搬进政府的安置房“江南新家园”。“江南新家园”位于七星镇，在320国道边上，是七星镇通往嘉兴城区的必经之路，交通方便，基础设施完备。小区配套有物业管理、菜场、水果市场、幼儿园、小学、运动场、老年活动中心、社区诊所等。

农民们从老房子搬到新社区，按户籍人口，每人可享受40平方米的面积，另外每户还可享受60平方米的面积。一个普通的农村五口家庭可以拿到260平方米的新房。这与他们原先的住房面积大致相当，且地段更好。根据七星镇的政策，参加置换的满16岁的当地籍农民，每人补贴5.1万元，其中1.2万元用于补贴参加城乡居民养老保险，2.4万元为住房补贴，另外再额外补助每人1.5万元。如果原来的老房比可以置换的房间面积大，镇政府以每平方米300

---

* 本文由诸凯丽、唐菊稹合作完成。

元的标准补偿。

三、湘家荡村“两分两换”的主要成效

(一)村民住房问题的解决

在农村都有儿女结婚造新房的传统,而现在的很多年轻人因为工作或者其他原因,不愿意留在乡下,因此父母都会为他们在镇上或者市里准备婚房。嘉兴的房价虽然远不及一线城市,但对普通农民而言也是极为昂贵的。因此,“两分两换”解决了农民换房贵的问题,虽然安置房需要置换,除去老房子的估价后,还要再自己承担一部分,但对于本来就要换房的农民来说,这已经合算不少。

以前的农民房因为宅基地是集体财产,所以不允许自由买卖,而新换置的房子有房产证可以交易。从2008年到2013年,村民们新安置的住房已经增值不少。如果农民没有把他们可以换置的房产面积全部换置为房子,有剩余可享受面积,政府以600元每平方米一次性补偿给农户;如果农民使用镇上统一建造的工业园标准厂房,可以得到每月6元/平方米的租金收入。农民在经济利益上得到了保障,保证了拆迁工作的顺利进行。

(二)养老问题的解决

除了宅基地的转让,农民的自留地也是需要征收的对象。根据政策,农民需要签订土地流转协议,土地流转后,每年可以拿到每亩地700元的租金,并且今后以每年50元/亩的幅度递增。嘉兴农民的土地收入主要来自于种植水稻、蔬菜,养猪、养蚕等,平均每人一年收入1万元。土地流转后,农户每年的租金至少5000元,老人每年可以获得700多元的养老金,加上其他附加的,一年下来每人收入约8000元。虽换家庭的收入比之前略少,但是生活质量确实提高了。

对老人来说,土地流转在解放了他们的劳动力的同时也解决了他们的养老问题。因为每年的租金和养老金加上子女的赡养已经完全可以让老人们舒舒服服地度过晚年。社区的中心有一个600多平方米的老年活动中心,老人们可以在这里喝茶、打麻将、听越剧,进行各种娱乐活动。社区在每幢楼楼梯口安置了老人椅,方便老人们围坐闲话家常。空地之间、绿化带周围是公用的健身器具,方便老人们进行晨练。

(三)年轻人就业问题的解决

为解决年轻人的就业问题,当地政府从征地之初,就一直在做职业培训工作。

以当地青年小项为例，她参加了社区举办的会计培训，希望找到一份收入不错、稳定持久的会计工作；当地政府举办此类就业培训已经持续了5个年头，帮助许多待业青年和向往更好的工作环境的年轻人找到了新工作。

(四)生态环境的建设

以前在农村，随地乱扔垃圾的现象十分普遍，严重影响了农村的生态环境和生活环境。农村新社区建设好以后，加强了环境管理，制定相关制度纠正了一些陋习。湘家荡村通过美化环境发展旅游度假企业，以优美的自然风光吸引游客，推动了经济的转型升级，促进了经济发展与生态环境的“双赢”。

四、结语

通过走访七星拆迁办，我们对于发生在浙江基层的变革与创新有了进一步的了解，也真切感受到改革开放进程中人民生活水平的提高与百姓幸福指数的上升，尽管在新农村建设中仍存在一些不可避免的问题，如有一部分村民不愿搬迁，拒绝签约等。七星镇的发展，是我国农村人民生活日益美满的一个缩影。相信随着时代的发展，我国的新农村建设必将惠及更多的百姓，使更多的人过上幸福和谐的日子！

浙江公共文化建设调查

——以杭州图书馆生活主题分馆为例*

一、调研背景

文化是民族的血脉，是人民的精神家园，也是政党的精神旗帜。人类文明进步的历史充分表明，没有先进的文化引领，一个国家、一个民族不可能屹立于世界先进民族之林。浙江拥有悠久的人文历史和深厚的文化底蕴，其文化发展水平很大程度上代表了我们国家现今的文化发展水平。在这个充满挑战的新世纪，我们希望通过对浙江的文化基础设施之一——图书馆的调研，探寻浙江省文化建设情况。为此，我们选取了杭州图书馆生活主题分馆作为调查对象，以此开展一系列调研活动。

二、杭州图书馆生活主题分馆的特色

为落实杭州市委十一届三次全会绘就的“经济更加发达、文化更加繁荣、社会更加和谐、环境更加优美、生活更加幸福”的品质生活蓝图，杭州图书馆特别开设了位于杭州市西湖区浣纱路254号的生活主题分馆。开设这一分馆的目的不仅是通过特色馆藏体系的构建实现知识的静态管理，更重要的是通过一系列体验式生活分享活动实现知识的动态管理和传播，真正实现生活体验、知识分享、服务于民。在全国图书馆界，它率先推出为公众提供科学生活示范和实践的服务方式，开创兼具知识分享和生活体验等多重功能的公共图书馆服务模式。

---

* 本文由盛玲燕、程铭、骆志坤、裴泽华、魏龙晖合作完成。

(一)富有特色的硬件资源

1. 舒适优雅的阅读环境

杭州图书馆生活主题分馆延续杭州图书馆温馨舒适的家居式阅读环境。温暖柔和的偏黄色灯光设计,既能有效缓解阅读时的疲劳,保护读者的视力,又给人以温暖舒适之感;厚实的皮座椅、宽阔的书桌平台以及随处可见的休闲沙发则能使每个读者随时随地开始舒适阅读。此外,图书馆的整体色调是棕色的,深棕色的木质书架,淡棕色的木质地板,无不给人一种文化的厚重感,同时也营造出一种古典高雅的格调。

2. 丰富的馆藏

杭州图书馆生活主题分馆馆藏以纸质文献为主,拥有各类文献资料 45 万册,报纸 100 余种;开架阅读期刊 800 余种,外借期刊 300 余种。另有部分生活知识类多媒体光盘及影音资料。馆藏图书以"生活的艺术、艺术的生活"为主题,充分凸显了"生活"这一主题。丰富的藏书也能在突出主题的基础上满足广大读者的阅读需求。

(二)先进的建馆理念

杭州图书馆是中国第一家秉持"平等、免费、无障碍"理念的图书馆。这一服务理念让全国图书馆界乃至国际上的图书馆学专家都为之赞叹:向所有人群敞开大门,不因人们的身份、地位、受教育程度或者户籍所在地而区别对待,平等地传播知识与文化,全体市民都可以免费使用图书的服务。这一理念的践行,标志着一个普遍均等、惠及全民的阅读时代的到来。同时,杭州图书馆还是全国第一家实行全免费的图书馆,市民只要凭身份证或市民卡,开通借阅功能就可借阅图书。

先进的公共理念、良好的服务,让杭州图书馆广受欢迎。当然,杭州图书馆生活主题分馆也秉承着同样的建馆理念。

(三)贴心到位的服务

1. 图书分类分层管理服务

杭州图书馆生活主题分馆共分四层:一楼为社会科学类、考试类图书借阅区;二楼为报纸、期刊、音像碟片借阅区;三楼为生活类和自然科学类图书借阅区;附三楼为少儿图书借阅区;四楼为教育、文史、艺术类图书借阅区。清晰的图书分类能够帮助读者迅速找到自己需要的图书。

2. 自助借还书服务

杭州图书馆生活主题分馆通过频射识别(RFID)技术,向读者提供自助借还图书服务。读者一次可对多册图书进行操作，方便迅速又安全可靠；这同时也便于工作人员排架与文献管理，减少了工作量，提高了工作效率，使工作人员有更多的时间为读者提供信息服务、信息咨询。一楼大厅入口处还配置有自助还书设备，在闭馆时间或馆休日，读者亦可进行自助还书操作。

3.与众不同的体验式阅读服务

在生活主题分馆，工作人员向我们介绍了这里极具特色的体验式阅读服务，让读者在阅读体验中了解、分享品质生活理念和方式。生活主题分馆每个月都会开办200余场公益活动或培训，活动内容丰富多彩，包括摄影、绘画、木刻、钩针等。培训的老师都是热心于公益事业并且有一技之长的专业人士，受到图书馆的邀请而来。刚开始举办这些活动的时候，很少有人来当志愿者以及分享、传授自己的技能，所以活动类型比较单一。但随着活动的影响力越来越大，越来越多的人愿意来这里贡献自己的一份力量，他们在帮助他人的同时，也实现了自己的社会价值。工作人员还表示，希望通过我们的采访和宣传，有更多的人了解和参与这样的活动。从易拉宝上显示的报名情况和我们实际走访的几个活动的现场状况来看，这些培训确实如工作人员所说，很受杭州市民欢迎，因此培训的规模和场次还在不断扩大。图1是我们走访的钩针活动场，学员们都非常认真地在学习钩针，场面非常热闹。

图1 钩针活动现场

此外，我们还通过媒体了解到，自2009年起，杭州图书馆就发出邀请函，联合社会各类团体机构，聘请热心公益事业的专业人士，为市民提供免费、多样、亲民的公益培训课程。2012年春季共计开设12个项目的课程，班级数14个班级，招收学员530名；2012年秋季课程项目增至19个，班级数24个，招收学员800余名；2013年课程项目更是增至29个，班级数44个，每期培训学员上千名，有的班级一位难求，这足以体现杭州市民日益高涨的精神文化需求。

三、杭州图书馆生活主题分馆特色文化活动评价

杭州图书馆生活主题分馆不断推出的这一系列提高人们生活品质、丰富人们精神文化生活的活动，受到了社会广泛的关注以及认可。市民们积极踊跃地报名便是对其最大的肯定。这一国内首家生活主题特色图书馆带给读者的不只是在浩瀚书海中畅游，还引导读者通往全新的世界。

我们在参观过程中真正领悟到了博尔赫斯所说的"如果有天堂，就应该是图书馆的样子"。

浙江戏剧文化产业的改革与创新

——以杭州市黄龙越剧团为例*

一、调研背景

黄龙越剧团由杭州市园林文物局于1988年创办,地处杭州游览景点黄龙洞,是集园林文化、旅游文化、戏曲文化为一体的民间艺术团体。剧团目前共有员工百余位,30多名演员,大多是来自浙江周边地县及省文艺学校越剧科的毕业生;其中有超过40人具有国家艺术类中高级专业职称。剧团在多年的探索和努力下,在省市文化部门的支持下,在北京、上海和浙江众多老一辈艺术家的关心和指导下,尤其在戏曲界多位名导演和作曲名家的通力合作下,上演了不少优秀的传统、新编剧目和歌舞综合节目,已成为杭州人文景观的热点。

然而,黄龙越剧团的发展之路走得并非一帆风顺。创业之初,剧团面临重重困难,曾多次直面"是生存还是死亡"的现实问题。当时,剧团所遇到的困难主要集中体现在地理位置"尴尬"、人才流失、观众稀少、收益亏损四大问题上。

(一)地理位置"尴尬"

首先是地理位置问题。黄龙越剧团所处的黄龙洞景区位于栖霞岭北坡,背离西湖。西湖和灵隐寺是来杭游客的必去之地,而在黄龙洞景区,中老年"票友"的聚会不少,游客却不多。1988年,杭州市园林文物局成立黄龙越剧团,也正是为了改变景区的生存状况,建立宣传窗口。但是,剧团的成立并没有给黄龙洞景区带来多少人气,剧团表演的观赏人数十分有限。当时的场景可以用"景区不死不活,剧团不温不火"来概括,尴尬的地理位置无疑是剧团发展道路

---

* 本文由林珂瑶、宋逸群、刘彦辰合作完成。

上的一个绊脚石。

(二)人才流失

剧团刚成立时,每天上午 4 场折子戏、下午 4 场折子戏是雷打不动的。日复一日的演出使演员的表演水平提高得非常快,但“三无”状况——无户口指标、无招工编制、无专业职称又恰恰使剧团成了跳板,演员唱个一年半载,唱出了功底和名利就转战他团。演员的频繁流动使剧团维持演出的艺术水准分外艰难。

(三)观众稀少

在采访过程中,我们注意到,绝大多数观众是老年人。他们自小就在越剧的熏陶中长大,退休了,时间也多了,就来园子里听听戏,这里很少有年轻人坐在旁边捧场。即使有,也是来旅游的年轻人,路过时拍拍照片,稍作休息,并没有欣赏表演的性质。“是的,这里都是老年人,年轻人谁会看这个?”在露天剧院工作的阿姨不无无奈地说道。

“不仅仅是越剧,还有其他剧种。传统戏剧的生存问题,是现在整个戏曲界的大问题。”在刚刚结束的《梁山伯与祝英台》中饰演祝英台的金彩芳老师这样对我们说。“因为越剧不同于现在人人都喜欢流行歌曲,它还是有文学性的。不过一旦喜欢了,就很容易入迷!”不错,作为传统文化中不可或缺的一部分,中国戏曲在当今世界面临越来越大的挑战。学习不同剧种的年轻人越来越少,观众中年轻人的比例也鲜见提高。关于传统文化的继承和发展问题,也绝不是最近几年才有的讨论。在这个问题上,黄龙越剧团也不例外。

(四)收益亏损

据剧团的孙老师讲述:当初单位改制时,黄龙洞景区曾被一家公司接手,由于经营不善,景点离西湖主景区又远,景区毫无生气,亏损严重,负债 600 多万元;而 2003 年 10 月,杭州 69 家老字号仅剩 36 家,其中有 12 家是惨淡经营。依托旅游业来发展文化产业,蕴含着巨大商机,但也可能是血本无归的陷阱。1997 年的黄龙越剧团就面临着“是生存还是死亡”的问题。

二、黄龙越剧团改革与创新的主要举措

针对以上四大问题,黄龙越剧团没有坐以待毙,而是以积极的心态、灵活的方式,迎接新世纪的挑战。剧团在创办人兼前团长朱燕燕的领导下,展开了一系列整治剧团的行动,主要包括:对戏曲、园林资源、旅游资源进行整合,建立完善的人才激励机制和培养机制,提高青年演员素质,多方面开拓发展道路,等等。

(一)戏曲、园林、旅游“多管齐下”

面对剧团观众少、不够火热的问题，剧团在市场调查的基础上大刀阔斧地干了起来。考虑到剧团的地理位置，剧团首先与旅行社合作，将周边省份和地区作为旅游推广的重点，以越剧为最大的卖点吸引游客。“我们的剧团始终走在时代的前列，坚持企业的发展方式，将戏曲、旅游及园林相结合，用越剧的招牌来吸引游客，并让他们从中感受到多元的文化环境，体会到越剧的魅力。”孙建红老师作为剧团的班长如是说。孙老师表示，剧团最早且最有特色的做法就是将旅游资源和戏曲资源相结合，这样两者可以达到互补，从而吸引更多的游客，通过游客的口口相传来扩大黄龙越剧团的影响力。事实证明，这一策略确实为黄龙越剧团的发展起到了至关重要的作用。

除此之外，剧团更加注重观众的需求，经常组织市场调研，并且在条件允许的情况下调查杭州及周边地区观众的喜好，从而对剧团的剧目安排做相应的调整和变动，真正做到以观众为核心，“观众喜欢什么，我们就表演什么”。观众有了自主权，当然更喜欢到剧团来看自己喜欢的戏。

同时，为了提高舞台表演艺术水准，剧团聘请了著名越剧表演艺术家范瑞娟、傅全香、徐玉兰、王文娟、戚雅仙、毕春芳等6位越剧流派创始人，收徒传艺，给予艺术指导，培养越剧新秀。浙江文艺界的前辈和专家史行、顾锡东、钱法成、沈祖安、顾颂恩、卢竹音和茅威涛等，多年来一直关心和鼓励剧团的发展。近10多年来，黄龙越剧团创作、排演了传统经典剧目《玉蜻蜓》《血手印》《杜十娘》，新编历史剧《出宫回宫》、越剧轻喜剧《唐伯虎点秋香》，并屡获殊荣。尤其是新编历史剧《出宫回宫》在1996年10月一举获得第四届映山红全国民间戏剧节剧本、导演、作曲、演出集体和表演个人5个一等奖，轰动一时，成为剧团艺术发展上台阶的新起点。根据观众游客的不同欣赏要求和演出市场的多元化，剧团还创作编排了一系列传统越剧折子戏和现代歌舞、小品以及时装表演，其中的《碧玉簪送凤冠》《狸猫换太子拷寇》《何文秀算命》《劈山救母二堂放子》《梁祝十八里相送》《珍珠塔前见姑》《打金枝》《送花楼会》等经典传统折子戏，《踏歌》《珠穆朗玛》《西湖欢迎您》《愿天下有情人终成眷属》等歌舞节目，深受观众喜爱，叫好声不断。

(二)建立激励机制和人才培养机制

剧团人才激励机制和培养机制的建立，剧团班长孙建红老师、前团长朱燕燕老师功不可没。朱老师深谋远虑，一方面狠抓景点创意建设，以缘引人，强化管理，以热情、真诚、周到、细致的服务，赢得旅游界和游客的肯定和赞许；一方面又积极组建越剧团，到临安等地“招兵买马”，拜师学艺，演出越剧，硬是把园林文化、戏曲文化转化为文化旅游产品，推向市场。“我们前团长是非常爱才惜才的，在我们剧团人才不足的时候，我们团长肯花精力和资金搜罗人才，并且请来老一辈艺术家培养人才。”金彩芳说道。金老师是黄龙剧团人才引进计划中第一位引进来的优秀越剧青年演员，因此她感触颇深。正是通过老团长的一系列人才吸引及踏实肯干的精神，黄龙越剧团才能有今天的辉煌。

此外，在改革的过程中，观众的自主性加强，观众喜欢的剧目、欣赏的演员，自然有更多亮相的机会。这样的制度增加演员的表演压力，迫使年轻戏曲演员们加强自身艺术修养，提高职业素质。

正是因为建立了人才激励机制和培养机制，黄龙越剧团才摆脱了“跳板”的阴影，真正走出自己的品牌和特色。朱团长认为“每个人都可以当主角”；而师承徐玉兰老师的周燕则说：“演戏的感觉就像品茶，越演越有味，越演越会对自己的表演技巧、演员素质、修养等提出各种要求。”2004 年 3 月 16 日，第 21 届中国戏剧梅花奖评选揭晓，黄龙越剧团青年演员王杭娟榜上有名，这样，继现在已是团长的孟科娟获得 2000 年第 17 届梅花奖后，杭州黄龙越剧团成了全国唯一一家“双梅并举”的民营职业剧团。

（三）提高青年演员素质，多方面探索发展道路

面对越剧的认知程度下降等传统文化保留问题，黄龙越剧团也决定加倍努力，为传统文化的传承和发展做出自己的一份贡献。

在演员的选拔上，剧团要求年轻的演员不仅要有扎实的越剧功底，还必须有另一项才能，如主持、演唱、舞蹈等。“我们的演员都是多才多艺的，有的还上过《星光大道》。我们现在的演员，要么会主持，要么会唱歌，要么会跳舞，水平都很高的。”据了解，多元化的舞台表现已成为黄龙越剧团另一个发展特色，“可以这么说，在全国范围内，没有剧团能够像我们剧团这样，做得那么全面”。同样参加过《星光大道》的金彩芳老师十分骄傲地说道。

针对现在年轻一代对越剧的了解匮乏，喜欢越剧的人越来越少的问题，剧团主要采取了两方面的措施。其一，经常举办“越剧进校园”之类的活动，加深同学们对越剧的认识，提高他们对传统文化的认同。其二，改进剧目编排。除了一些传统的才子佳人剧目如《十八里相送》《红楼梦》等，剧团还增加了一些根据现代剧本改编的剧目，例如《第一次亲密接触》等等，反响也都十分热烈。

除此之外，作为立足杭州、依靠西湖名胜而发展起来的黄龙越剧团，在自身发展积累了相当的实力以后，毫不犹豫地承担起了弘扬优秀地方传统文化的历

史使命。为了传承杭州地方戏剧杭剧，剧团尝试创作排演了大型杭剧民间故事剧《苏小小》，新编杭曲《西湖美景天下扬》，得到戏曲界和杭州市领导的首肯。尤其是在大型新编现代杭剧《蔡锷与小凤仙》中，孟科娟、王杭娟再度联袂饰演男女主人公蔡锷和小凤仙，将民国初年发生在北京的小凤仙智救抗袁英雄蔡锷的故事演绎得惊心动魄、荡气回肠。

三、黄龙越剧团改革与创新的主要成效

通过以上多方面、多层次的改革和整治，黄龙越剧团在人才招募与培养、经营收益及剧团管理等方面都收到了显著的成效。

（一）出人出戏出精品

面对创团之初人才流失及频繁更换的问题，黄龙越剧团重点抓好优秀人才的招募与培养工作。据孙建红讲述，“我们这些老演员主要是唱戏，但现在招募的年轻演员多才多艺，唱戏、跳舞、主持样样精通”。

在演员的培养方面，在老前辈沈祖安先生热心牵线下，剧团的年轻演员四处拜师学艺，省内许多专业大剧团和艺术院校里留下了她们勤学的身影。6 位主要演员孟科娟、吕兰芳、周燕、王小燕、王杭娟、孙建红分别拜越剧表演艺术家范瑞娟、傅全香、徐玉兰、王文娟、戚雅仙、毕春芳为师，并得其真传，使演出质量

有了整体性的飞跃。如今，剧团已经有了100多名员工，30多名演员。其中40多人具有国家艺术类中高级专业职称。接受我们采访的戏剧梅花奖得主王杭娟就是黄龙越剧团在2003年花重金从浙江越剧团聘用过来的。

此外，黄龙越剧团演员的“三无”状况现在也有所改观，演员的职称由浙江省文化厅评定，演员的工资是由整个黄龙洞景区发放。

采访的时候孙建红老师多次提到老前辈沈祖安先生的话——“出人出戏出精品”，可见黄龙越剧团对优秀人才的重视和培养。

（二）盈利可观

1997年，黄龙越剧团几乎走到了尽头，于是剧团决定进行自主经营。通过市场调研，剧团分析了顾客不来的原因，然后决定走“将旅游经营与艺术及园林文化相结合”的道路。现在黄龙越剧团365天每天8场戏，风雨无阻；因为是在景区内，景区开放演员就要唱戏，节假日的时候剧团还会为游客带来新拍的折子戏和大戏。

通过将旅游经营与艺术及园林文化相结合，黄龙越剧团在杭州的名声越来越响，甚至在全国都很有名气，孙建红老师骄傲地告诉我们，“黄龙越剧团已经成了杭州的一张名片”。剧团和旅行社合作，一起设计促销方案，扩大自己的观众群。现在剧团一年演出多达1000多场，王杭娟老师表示：“如果有时间，观众反响非常强烈，我们会考虑下乡给全国各地的戏迷们演出。”在我们采访的3个小时内，剧团一共表演了2场戏，每场的观众都有50人左右，大部分是退休的老人，但是也不乏年轻人。现在剧团每年的盈利上百万元，从负债600多万元到盈利上百万元，黄龙越剧团走的时间并不长。

（三）剧团工作效率提高

管理100多人的剧团不是一件容易的事情，但是黄龙越剧团“通过企业管理与人性化管理相结合的管理制度”，使100多人的剧团工作效率非常高。由于制度要求，每个演员一周7天只有2天休息，其他5天必须来剧组演戏。“凡是上班就有戏唱”，每天8个小时的工作时间内，演员们丝毫不散漫、纪律严明，同时剧组演员们非常团结，上台、下台、卸妆等所有的步骤都是一起完成的，演员在这里感受到了家的温暖。黄龙越剧团的所有演员都爱戏、敬业、专业素质高、团结，这都与剧团人性化的管理措施分不开。

说杜老师伴随着黄龙越剧团一路成长，毫不夸张。增强演员的凝聚力、提高剧团的管理水平，也成为黄龙越剧团另一个值得深思的问题。

除此之外，黄龙越剧团也拥有了越来越多的忠实戏迷。在采访中，我们遇到了一位金彩芳老师的铁杆"票友"——杜鹃老师。杜老师每天都来戏园听戏，14年来从未间断，她激动地跟我们说："黄龙越剧团就是我半个家。"据杜老师讲述，在剧团成立之初，场地条件很差，就在黄龙洞的一个小亭子里。演员换来换去，表演也不专业，使黄龙越剧团流失了很多观众，"现在是大舞台，还可以在旁边的阁楼上喝喝茶，聊聊天，环境越来越好了；并且曲目的选择也越来越多样化了，我们都非常喜欢"。

四、黄龙越剧团改革与创新的经验

黄龙越剧团的这段崛起历程，着实为国内戏剧文化产业的改革与创新提供了不少可供借鉴的经验。

(一)重视对优秀人才的培养与集聚

人是文化的创造者，要创造出优秀的精神文化就必须依靠人民群众的力量，重视培育优秀人才。黄龙越剧团清楚地认识到了人才的重要性，其在革新的过程中，不仅花了心思，而且花了重金，挖掘和集聚了不少民间优秀越剧演员；招募到出色的演员之后，剧团又建立起了激励机制，重才惜才；同时，剧团还建立起了人才竞争机制，通过有效、严格的人员管理，使自身成为越剧人才集聚的高地。在培育青年演员的同时，黄龙越剧团还不忘借助老一辈艺术家们的力量，推动剧团的发展。

(二)文化产业的改革需要贴近群众、面向市场

人是文化的享有者和传承者，建设中国特色社会主义文化，归根到底是为了满足人民群众日益增长的精神文化需要。黄龙越剧团认识到了人民群众在其文化产业创新中所扮演的重要作用，于是在改革初期就展开了市场调研，分析观众为何不来，以及观众喜爱什么样的表演，热衷什么样的文化，坚持贴近实际、贴近生活、贴近群众。因为只有了解人民群众的需求，才能把握正确的改革方向，改革才能取得成效。而反过来看，剧团奉献出的一场又一场人民群众所喜闻乐见的文化表演，满足了人民群众多方面、多层次、多样化的精神文化需求，这也正是中国特色社会主义文化建设的根本任务所要求的。

(三)坚持以体制创新为重点，勇于创新、敢于尝试

黄龙越剧团的实践充分证明：要深化文化体制改革，就必须坚持以体制机制创新为重点，在关键环节实现新突破。经过对自身实际的客观分析，并结合市场调研情况，黄龙越剧团走出了一条将旅游经营与艺术及园林文化相结合的新路子，与旅行社合作，将周边地区作为旅游推广的重点，以越剧为最大的卖点

吸引游客。这是“老字号”文化单位之前鲜有尝试的发展道路。而黄龙越剧团敢于走在时代前列，打破传统的文化资源、旅游资源的分配体制，将文化体制改革与文化创新相结合，实现了自身的创新发展。

弘扬中国特色社会主义优秀文化义不容辞。在改革与创新发展过程中，黄龙越剧团并未因追求眼前的经济利益而偏离改革的方向、丢弃剧团历来秉持的文化传承原则。黄龙越剧团时刻牢记自己的本与根，将弘扬中国特色社会主义优秀文化作为历史使命，为越剧文化的传承与发扬做出了巨大贡献。

浙江小百花越剧团的创新发展之路*

一、调研背景

浙江小百花越剧团是经浙江省人民政府批准，于 1984 年正式创建的专业女子越剧表演艺术团体，属于公益性差额拨款事业单位。1984 年，浙江小百花越剧团到北京中南海演出，之后在全国各地巡演，掀起了一个风靡狂潮。浙江小百花越剧团以其精彩的表演从亮相伊始就确立了它在越剧界甚至是整个戏剧界不可替代的位置，其发展历程也见证着改革开放以来浙江在文化方面的变革与创新。因此，我们小组将浙江小百花越剧团作为案例，了解中国特色社会主义文化在浙江的发展。

二、浙江小百花越剧团创新发展的主要措施

建团至今，浙江小百花越剧团励精图治、开拓创新，已发展成为浙江乃至中国传统文化艺术的一张金色名片。在新形势下，浙江小百花越剧团的工作重点及成效如下。

(一)体制改革

作为浙江省文化厅直属的事业单位，剧团结合实际工作需要，于 20 世纪 90 年代就进行了部门结构设置的调整，打破了计划经济体制下的艺术院团工作结构。目前，领导机构有团部领导(团长、副团长等几个团部领导分管财务、行政、演出、企划、营销)、常务副团长、法人代表；全团在团部之下设“生产车间”艺术生产部(演员、乐队、舞美)、企划营销部(企划、宣传、营销、演出)、行政部(财务、

---

* 本文由于森、贺新珏、马春晖、宣梦洁合作完成。

人事、行政、档案)三个部门。

作为全国唯一保留事业编制的越剧团体,浙江小百花越剧团在积极稳妥地推进内部机构改革的过程中,将人事制度、分配制度的改革作为工作的重中之重。剧团对在编人员与聘用人员采用品评分开政策,高薪引进人才,加大剧团的人才流动性,增强自主选择性。作为浙江省政府批准成立的事业单位,剧团的经费来源主要是财政拨款(差额补贴,约占 60%)、事业收入(演出,约占 35%)及其他收入。剧团认为只有建立更为合理的分配制度,坚持按劳分配与按生产要素、技术要素分配等多种分配方式相结合的分配制度,才能真正实现个人收入和艺术生产与演出、工作质量与能力相挂钩。因此,"小百花"目前的分配方案为"基本工资+绩效工资+演出补贴",打破了事业单位"大锅饭"的分配结构。

(二)剧目创作

浙江小百花越剧团秉持传承经典、发展经典、创造经典的思路,在复古中求新,在现代中守旧,即"旧中有新,新中有根,移步则换形"的宗旨,积极进取,力图实现地方戏曲剧种在当下商业社会的成功转型与发展。多年来,从剧团奠基力作《五女拜寿》到诗化代表作品《西厢记》《陆游与唐婉》,从探索作品《寒情》到回归中国古典美学的新版《梁祝》,创作上坚持"在复古中求新,在现代中守旧"。建团近 30 年的剧目创作可分三个阶段:第一阶段,初创时期的《五女拜寿》《汉宫怨》等,基本上还停留在缠绵悱恻的爱情故事中;第二阶段,剧团尝试一些传统越剧较少涉及的历史、文化题材,如《寒情》讲述的是荆轲刺秦的悲情故事,又如,对元杂剧经典《西厢记》、南戏佳作《琵琶记》等古典戏剧经典作品进行现代化诠释;第三阶段,剧团试图将越剧最擅长的儿女情长和第二阶段中对文本深层文化内涵的追求进行融合,寻求传统戏曲与当下社会精神的契合与接受,代表剧目有新版《梁祝》与《藏书之家》《江南好人》等。

剧团以继承经典、发展经典、创造经典为创作方向,一方面改编一些传统、经典剧目,但不局限中国的经典剧目,例如《五女拜寿》就是中国版的《麦克白》,以及韩国的《春香传》、日本的《春琴传》,也不局限于越剧,如《白兔记》是由京剧、昆剧改编而来;另一方面自己创作一些适合用越剧来演绎的作品,如《藏书之家》讲述的是浙江宁波天一阁藏书楼传承中华文脉的故事,又如《步步惊心》有良好的商业市场,对其进行演绎属于零门槛接入。

(三)人才培养

浙江小百花越剧团坚持以原生代"小百花"、新生代"小百花"、"小百花班"

梯队建设为方向，完成艺术人才挖掘与培养。剧团充分发挥原生代演员的积极性，为她们量身定做大戏，并以灵活多变的方式带动后辈的基础训练、学习、演戏等。针对青年演员，剧团在注重业务考核的同时，采用大戏AB组制度，激励和培养优秀的青年演员。同时，剧团自2000年开设综合素质教育课程，不定期邀请各界专家学者前来授课，这一经验已在浙江省推广开来。由剧团和浙江艺术职业学院联合开办的“小百花越剧班”旨在培养新一代越剧演员，探索学院制与科班制相结合的教学模式，兼顾专业技术训练、综合素质教学和舞台艺术实践。剧团期望培养的演员具有一定的文化素养，所以招收的人才须初中毕业，再在浙江职业艺术学院进修5年的大专班。此外，乐队演奏员、舞美专业人员、行政、财务、档案人员等，定期会被派送至各大艺术院校及各大剧场学习实践，以提高专业技术技能。

为了培养人才，剧团特意制作了两个版本的《步步惊心》，一个版本由20世纪90年代进团的新生代演员演绎，他们现在都是国家一级演员，平均年龄为30岁，在戏中很好地展现了成熟的台风；另一个版本的参演人员为2008年小百花越剧团和浙江职业艺术学院合办的一个“小百花班”毕业的新人才，大多只有十八九岁。可见，小百花在发展实力演员的同时，也十分注重新生代演员的培养，让剧团的人才源源不断，这是剧团长远发展之道。

(四)演出市场开拓

浙江小百花越剧团的艺术创作，不仅仅以艺术探索为全部依归，在衡量一部作品能否成为剧团的经典之作时更将市场反响作为一个重要指标。总体上来说，浙江小百花越剧团的作品，都能够演出数百场，在艺术性与商业性两者之间，实现了协调发展。剧团坚持海外市场、大中城市、广大乡镇“三头并进”的市场定位，巩固发展市场份额，筹划“中国越剧场”驻场演出模式。三个层面的演出市场的理想配比应该是每个市场各占三分之一。国内越剧演出市场主要分为两块，一块是在全国越剧市场发展得比较好、观众较为稳定且剧团作品反响较好的大中型城市，剧团会定期巡回演出，使当地的观众形成固定的审美倾向和演出观看习惯。剧团还会与当地的剧场如北京的国家大剧院、上海的东方艺术中心、苏州的科技文化艺术中心、广州的广州大剧院、深圳的深圳大剧院等进行品牌联合，形成更为成熟的越剧市场。在杭州市区的演出，剧团一般会选择杭州大剧院或者杭州剧院等。另一块就是在广大的农村地区，尤其是在江浙一带的农村地区，乔迁新居、祝寿、办喜事以及逢年过节等，都有请剧团唱戏的传统。

在过去十年中，剧团在境外市场的突破上取得不少成绩，例如2007年赴新加坡，2010年赴德国和瑞士，2009年、2010年、2011年赴台湾演出；港澳台地区基本上是每年一场。但由于道具、服装等的搬运，每年的档期，演员的培养和剧目的排演，农村慰问演出等原因，剧团对境外演出会有所控制。这其中既有商业演出项目，也有文化交流项目。2010年在德国的演出是商业演出，在瑞士的演出则是中瑞建交活动的一部分，属于文化交流性质。在新加坡滨海艺术中心"艺满中秋"活动和德国威斯巴登"五月国际艺术节"中，剧团演绎的新版《梁祝》单场票房均创下境外中国戏曲演出团体最高纪录，该剧赴日内瓦参加"2010瑞士文化风景线艺术节"时，前来观看的47国驻瑞士公使，对这一东方符号既古典又现代的演绎，无不交口称赞。《江南好人》等新型剧目的上演，将更有利于剧团继续探索国际市场。同时，剧团坚持以传统传播渠道为主，以新媒体为突破口，提高品牌影响力。

（五）越剧理论建设

剧团一直重视从多角度展开越剧理论的研究工作。首先，剧团近20年始终坚持到各大高校做艺术专题讲座，既是推广宣传，也是在梳理越剧的发展史、美学价值及嬗变。其次，团刊《爱越世界》（一年四期）致力于探索和发展"小百花"剧目建设中的舞台演剧风格、美学形态的形成及现代人文价值。再次，积极进行戏剧方面专项研究，与非遗处驻华代表官员就"活着的戏剧"——中国传统戏剧保护与振兴研究项目形成了初步调研大纲。最后，在学科建设上，剧团团长茅威涛、导演郭小男受聘于中国美术学院传媒动画学院，招收戏剧学专业表演艺术与导演理论研究方向硕士研究生，以系统开展越剧理论建设工作。

三、浙江小百花越剧团创新发展的启示

浙江小百花越剧团在改革开放的春风中诞生，并顺应时代潮流发展至今，它的每一部作品都折射出当代社会的风貌，体现了中国特色社会主义文化的核心价值。在中国特色社会主义文化建设的道路上，浙江小百花越剧团弘扬主旋律、创作多样化，力图实现地方戏曲剧种在当下商业社会的成功转型和发展。

浙江小百花越剧团建团以来的发展，一方面依靠国家的大力扶持，另一方面依靠自主经营。此外，剧团还与知名企业达成合作共识，共同成立经营管理公司，以托管的方式进行中国越剧剧场的整体市场经营、未来规划及驻场运营。我们认为这也将是融合社会资金及优势力量开展市场运作、探索文化市场的系统化建设的一条新的发展之路。

大众传媒对古村落经济发展的影响

——以建德市新叶村为例*

一、调研背景

古村落具有重要的历史科考、文化旅游等价值。我国的古村落主要有以山西为代表的北方古村落，以安徽南部为代表的皖南古村落，以苏、浙为代表的江南水乡古村落。朴实、生动、鲜活、极富文化内涵的古村落是中华民族的伟大遗产，中国悠久的历史与辽阔的地域形成了不同气质的古村落。

浙江省建德市新叶村建于南宋嘉定十二年(1219)，由于村子以村后的玉华山为主山，所以新叶村子系被称为玉华叶氏。从玉华叶氏第一代到这里定居后，历经宋、元、明、清、民国至今，已有780多年历史。它排斥了干扰，避开了战乱灾祸，一直没有间断地保持着血缘的聚落，繁衍成一个巨大的宗族。叶氏后人不愿轻易地拆掉祖上留下的房屋，因此，就使得这个村落的格局和古代建筑“有规划，建筑质量好，村落发育程度相当高，建筑类型多，而且基本上完整地保留了下来”(陈志华《中国乡土建筑研究丛书》)。

调研小组之所以选择新叶村来研究大众传媒对古村落经济发展的影响，主要缘于2014年7月17日《钱江晚报》刊登的一篇题为“从洗衣淘米到管理收费爷爷奶奶都忙起来了”的报道。我们小组由此发现新叶古村在《爸爸去哪儿2》节目播出前后发生了十分显著的变化。此外，我们小组拥有新叶村在《爸爸去哪儿2》节目组去拍摄之前的发展状况的第一手资料(资料来自小组组长)，因此小组决定去新叶村进行实地考察。

---

* 本文由赵琼、闫睿、王江卓、谢敦见、张陆涵、何飚、戴珊珊、葛嘉昌合作完成。

二、调研步骤

(一)调查访问

为进一步了解新叶村经济发展的现状,本次实地考察着重于调查访问。小组8位组员共同访问了新叶村村主任,了解新叶村在《爸爸去哪儿2》节目拍摄前后居民收入结构、政府支持政策、旅游业发展、自主创业等相关信息之后,分2组展开调查,每组4位成员,分别访问了1家农家乐老板,了解农家乐生意在节目组拍摄前后的变化、现状以及未来规划。随后又分成4组,每组2位成员,对新叶村村民、小摊主以及新叶村导游与游客进行采访并录音,进一步了解《爸爸去哪儿2》节目组对新叶村经济发展的影响。

(二)资料对比

资料对比主要是将本次调研拍摄的照片与原有照片进行对比。对比节目播出前后同一地点的照片,可明显发现广告、海报、摊位、游客人数、娱乐设施等的变化,经分析得出结论。

(三)文献查阅

查阅有关古村落发展的相关文献,对古村落发展的理论知识进行一定的梳理,并结合本次调研结果进行分析。

(四)小组讨论

对各组员得出的结论进行讨论并整合,最后得出一致的调研结果;制作幻灯片进行展示,并撰写调研报告。

三、调研结果

(一)《爸爸去哪儿2》推动了新叶村的旅游业发展

根据考察结果,节目播出后新叶村旅游业的发展体现在以下方面。

1. 游客增多,且游客的组织形式多样化

(1)游客增多

大众传媒对古村落的宣传,提高了村落知名度,极大地带动了旅游业的发展,从而推动了古村落经济的发展。在对村主任的采访中,小组了解到《爸爸去哪儿2》播出之后,来新叶村参加亲子游活动的游客数量明显增多,平日里跟随旅行社而来的占多数,节假日里更有络绎不绝的游客自驾而来参加亲子游活动。

在对“西山人家”农家乐老板的采访中，小组也了解到，新叶村的旅游情况比之前好得多。以前以散客为主，且游客数量少，而现在多以旅行团的形式参观新叶村，游客人数较之前有显著增加，《爸爸去哪儿 2》播出之后客流量更是明显增加。

在考察过程中，组员们也观察到游客的数量较之以前有明显的增加。根据小组组长提供的 2013 年 11 月拍摄的新叶村照片，可以发现《爸爸去哪儿 2》播出之前，路上基本看不到游客，而现在虽然也同为旅游淡季，路上却有着三五成群的游客。

(2)游客的组织形式多样化

根据小组随机采访的游客记录(见附录)，游客的组织形式共有旅行社的旅游路线、自助游和自驾游三种主要方式。

在对游客的采访中，小组也同时了解到，浙江省外的游客大多因为《爸爸去哪儿 2》节目了解建德新叶村，进而来此旅游；而浙江省内特别是离新叶村较近的游客大多为农家乐等旅游项目而来。从这个方面来说，游客采取自助游、自驾游的形式来到新叶村的数量增多，表现了游客的组织方式更加多样化。

除此之外，小组还了解到，有些之前未将新叶村作为旅游线路之一的旅行社，在《爸爸去哪儿 2》播出之后将其列为旅游路线之一，这也从侧面反映出游客的组织形式是因为《爸爸去哪儿 2》对新叶村的传播而趋向多样化。

2. 本地村民的收入形式更加多样化

大众传媒大幅度改变了村民的收入形式，由之前的单一务农收入，向多样化收入转变。在对村主任的采访中，小组了解到新叶村农家乐得到了大力发展，并吸引大学生回家创业。新叶村农家乐采取集体牵头、农户自办的模式。除此之外，许多农户尤其是老年人在村路口摆摊，向游客出售土特产，从而带来些许收入，村民收入形式更加多样化。

在对“西山人家”农家乐老板的采访中，小组了解到农家乐由《爸爸去哪儿 2》拍摄之前的七八家增加到现在的二三十家，许多年轻人因为村里旅游业兴旺而回村创业。大学生回家创业解决了原先农村创业者文化素养不高、经营形式落后等问题，实现了农家乐与旅行社的合作对接。农家乐与旅行社的合作以旅行团的接待为主，不仅仅只是接待散客。有些农家产品也小有名气，如水米糕，曾在湖南卫视另一档综艺节目《天天向上》中亮相，不但在当地拥有一定的口碑，而且游客的评价也很高。

小组在调研过程中，对比了之前的照片，可以明显看出道路两旁以及街头巷口由住户摆的摊位增多，所售卖的产品都有当地特产等。

收入形式多样化体现在以下方面：农家乐增多，数量是之前的两倍以上；自主创业人数增多，尤其体现在大学生回家创业；小摊贩增多，摊主多为村里老年人。

3. 新叶村的收入结构并未发生彻底改变

小组了解到，当地现在只有一部分人的收入增加，绝大多数人的收入主要还是来自农作物种植。旅游业给一部分村民的收入带来了较大变化，而大多数村民的收入还是没有太大变化。

(二)新叶村发展仍面临一定的挑战

1. 游客增多，商业化与新叶村的古村保护需要找到平衡点

根据村主任的描述，小组了解到新叶村的发展是以保护为主、有序开发，如果商业氛围太浓，就会与古村落的保护产生一定的冲突。现在古村落的开发有难度，如果太注重经济效益，会对古村落的保护造成负面影响；但如果没有游客，后续开发又面临资金困难。

小组查阅到的资料也印证了村主任的观点，可见，在商业化和古村落保护之间找到一个平衡点是新叶村发展面临的一大挑战。

2. 旅游小摊点需要规范化

根据村支书的描述，新叶村的住户在自家门口摆摊贩卖自家的桃李，这种做法虽然提高了他们的收入，但小摊点的卫生环境和其他问题还需要整治。

小组调研过程中所见摊位的确是无证散摊，可见，小摊点的规范化也是新叶村在旅游业发展中所面临的一大挑战。

四、调研总结

(一)大众传媒推动了古村落的经济发展特别是旅游业发展

对比小组组长之前拍的照片和现在新叶村的照片，以及上述考察的结果，不难看出《爸爸去哪儿 2》对新叶村的旅游业发展起到了重要的推动作用。大众传媒的宣传效应使得居住地相对较远的慕名而来的游客增多，新叶村农民收入进一步多元化(农家乐增多、摊位增多等)，而这又进一步吸引了更多的游客。联系与此相关的其他案例，可以得出结论：大众传媒对古村落的旅游业发展有推动作用。

(二)大众传媒给古村落的文化传承带来一定的挑战

从新叶村的案例可以归纳出，大众传媒在推动古村落旅游业发展的同时也

对古村落自身的发展带来一定的挑战。比如，古村落在发展旅游业的同时如何进一步有效保护自身传统的建筑与文化？不可否认，旅游业的发展在一定程度上存在对自然环境系统的干扰、对人工环境系统的干扰以及对古村落真实性、完整性的破坏。[①] 应对这些挑战，需要古村落做好发展规划。

（三）当地政府应充分利用大众传媒的影响力，在有效开发古村落资源的同时不断挖掘文化内涵

新叶古村在2000年就被评为省级历史文化保护区，至今仍完好地保存着16座古祠堂、古塔、古寺和200多幢古民居建筑，这和当地村民较强的文化保护意识密不可分。在不断开发古村落旅游资源的过程中，政府既要注意对古建筑的保护，又要不断挖掘与古建筑相关的文化内涵，比如家族家规、当地风俗习惯等，同时要充分吸引当地村民参与文化资源的开发，如开办独具特色的民宿，利用传统手工艺制作一些具有地方特色的旅游产品等。

附录

村主任访谈（节选）

小组成员（以下简称“我”）：我之前来过这里，好像外面停的那些私家轿车比较少，现在感觉都爆满了……

村主任：对，现在一般私家车参加亲子游活动的比较多。

我：现在是自驾游的多还是旅行社带来的多？

村主任：总的来说是旅行社比较多。像10月1日国庆期间，带小孩来玩亲子游的比较多。《爸爸去哪儿》本身就是亲子游活动。

我：新叶村有没有针对亲子游去开展一些娱乐活动呢？

村主任：有的，比如到河里面采藕、采荷花、采莲子等。

我：现在村民的收入和《爸爸去哪儿2》播出之前有什么区别吗？

村主任：只是一部分人的收入增加，绝大多数还没有。

我：收入主要还是来自农作物种植吗？

村主任：对。

我：旅游业对村民的收入没有带来太大的变化？

① 张泉．乡村旅游背景下徽州古村落的发展思考[J]．建筑与环境，2012(6)：70-72.

村主任:我们村是以保护为主,有序开发的。如果家家户户全部做生意的话,与古村落保护可能形成冲突。

"西山人家"农家乐老板访谈(节选)

我:现在村里的农家乐是不是慢慢多起来了?

老板:对,本来只有七八家,现在全村有二三十家。

我:你们现在的生意怎么样?

老板:生意还好,暑假更好。现在是淡季,相对来说稍微差一点。

我:今天(星期五)来的人还是蛮多的哦?

老板:今天天气好。不过也不是很多。

我:现在的生意跟以前比怎么样?

老板:跟以前比肯定是要好很多。以前是以散客为主,现在团队多。

我:因为我之前来过,这边的年轻人好像是外出的比较多。现在有没有回来的呢?

老板:有啊,我就是回来的。

我:你之前是在外面吗?

老板:我之前一直都在外面,现在想自主创业。

我:刚才我们采访村主任,他也说现在大学生回来自主创业的有很多。

老板:很多的,我有同学在外边,现在也准备回来。2014 年 7 月份之后客流量很大,平均一天、一餐要接三十来桌,大概三四百人。

我:就是《爸爸去哪儿 2》播出之后?

老板:对。

我:那现在是否面临人手不够的问题?

老板:是的,主要雇些农村大妈。

我:现在有没有一些外来人口来这边打工的?

老板:没有。

我:现在还没有?

老板:现在还没有,因为要考虑成本。

游客采访(节选)

我:你是怎么知道新叶古村这个地方的?

游客1:旅行社安排的。

我:哦,你们知不知道这个地方是拍《爸爸去哪儿2》的实地?

游客1:嗯,知道。

我:那你之前有没有来过这个地方?

游客1:没有。

我:哦。你们是从哪里过来的?

游客1:黄山。

我:你刚才说的那个报价是几个旅游景区一起的吗?

游客1:对。就是说这个线路里面是有这个点的。

我:你们是看过《爸爸去哪儿》那个节目后过来的吗?

游客2:对。

我:你们是杭州这边的吗?

游客2:不是。

游客3:我们是从湖南过来的。

我:湖南那边?

游客2:那节目还蛮有名的,宣传效果很好。

游客3:对,主要是由于节目方面的原因。

我:你们怎么知道新叶村这个地方的?

游客4:我们?我们有导游,他们知道的。

我:哦,就是你们报团,然后地点是他们选的吗?

游客5:对呀。

我:你们看过《爸爸去哪儿2》吗?

游客5:没有。

游客4:《爸爸去哪儿2》是导游介绍的时候说过的。

我:那这个地点不是你们选的,是导游给你们推荐的,是吧?

游客5:对呀。

我:那你们就说是古镇游,然后他给你们推荐的地方?

游客5:对。

我:好,谢谢。

“春泥计划”

——查田镇推进农村基础教育建设的尝试*

一、调研背景

“春泥计划”起始于2008年，是浙江省委省政府为贯彻落实党的十七届三中全会精神、推进文化大省建设而在全省推广的一项重要举措，主要面向未成年人，所秉承的使命是利用多种多样的文化形式，发扬本地特色，推动下一代健康、平稳地发展成才。[①] 2012年7月，小组成员随学校社会实践团队来到地处浙西南丽水龙泉的查田镇，在查田镇政府的指导下参与了一次“春泥计划”，此后又对查田镇的有关干部进行了后续采访。

龙泉是一个地处浙西南山区的小城，她在战火纷飞的抗战岁月里曾经收纳求是学子达四年之久，是浙大的第二故乡之一。这里曾凭借哥窑的瓷器文化闻名遐迩，如今在市校合作的助推下正成为一个崭新的“剑瓷之都”。龙泉市查田镇有着悠久的产业历史，改革开放以来长期位列龙泉市三大工业强镇之一，下辖的茶丰村更有着“天下有车的地方，就有茶丰五金人”的豪言壮语。客观来讲，查田镇及其32个行政村在发展较为滞后的浙西南乡村中有较好的发展教育的先天条件，能够凭借一定的经济基础在教育事业上有所创新，其中正如火如荼地开展的“春泥计划”和“领雁计划”为当前农村教育改革的尝试提供了一个鲜活的样本。

根据组员在查田镇挂职期间对当地基础教育的观察，我们发现农村教育存在的问题主要有以下两个方面。

---

* 本文由翁楠、王梦芝、张高、刘文搏、石心莺合作完成。

① 《龙泉市关于推进“春泥计划”的通告》。

一是教育成本高，上学难。据查田镇团委书记蓝俊毅介绍，查田镇的小学数量一直处于缩减之中，整个镇共有村级行政单位32个，现有小学9所，除去一些距离镇中心很近的乡村，仍有许多村没有小学。

二是教师教学水平有限，孩子们的文化课素质并不达标，第二课堂的教育也不够。在一些村庄，孩子们甚至难以分清A、B、C，算不好基础的数学题目。据了解，在一些农村，学校大专以上院校毕业生及对口的科班生比例很低，尤其是英语等对教师专业水平有较高要求的学科，在师资方面存在严重短板；教师老龄化现象非常明显，一些尽职尽责的老教师由于外出学习机会少，教学能力很难得到提升。

近年来，随着科教兴国战略和九年义务教育的推进，我国的教育水平已经得到了长足的发展，文盲率大大降低，各项科学文化事业都有显著的进步。然而就像查田镇的情况一样，农村初等教育的严重不足也已经逐渐暴露出来，在包括浙西南的一些偏远落后的地区，农村小学、初中正以惊人的速度消失。虽然小学和生源都在缩减，但学校减少的速度大大高于学生减少的速度，这就导致农村孩子上学成本增加，辍学率上升；在县镇中心小学寄宿的学生往往营养和心理健康难以得到有效的保障，这已经是不可忽视的问题。[①] 与此同时，由于工资待遇低与发展空间不足，农村师资水平始终处在一个较低的层次。在越来越强调素质教育与教育均衡发展的今天，农村中小学却无法满足基本的育人需要，这显然有违城乡统筹兼顾的基本方针。

二、“春泥计划”的主要做法

对于城镇小学生来说，“春泥课堂”是学生课余生活的良好补充，可以起到培养兴趣、树立正确价值观的积极作用。“春泥课堂”的优势在于，它是以政府为主导，以学校为载体，强调精神文明和科学素养的教育；除专业教师外，组织在职公务员、兼职大学生等年轻受教育程度高的队伍进行半专业辅导，因而具有一定的灵活性，弥补了师资队伍良莠不齐的缺陷。

此次小组前往查田镇参与的“春泥计划”内容如下：小组成员对各自负责学生的辅导内容以他们的假期作业为主，有时也会为一些完成课内任务的孩子安排些许的小游戏和英语能力的练习；在文化知识辅导外还开办了一系列卓有成效的专题活动，包括环境教育、安全教育和蒙学知识解读等内容，吸引了学生与

① 《农村教育布局调整十年评价报告》。

家长们的广泛关注。

"春泥"的内容都有一定的针对性，比如我们开展的环境教育工作。对于浙江省的农村来说，农业发展受自然条件限制难有突破，发展服务产业是必然的趋势，如安吉县等地的生态文明建设就取得了不错的成绩。查田镇各村普遍存在的问题，有基础设施差、城乡发展不平衡、管理基础薄弱等，小组给出的建议有实行垃圾分类、增设环保员、广修道路、加强水道的管理等。环境教育课堂也引来了一些家长的参与。

用电安全与气象安全教育也是我们结合当地实际情况推行的一项工作。我们在调查中发现，当地较多居民在电线上晾晒衣物，因此开展用电安全教育尤其是气象安全教育对住在山里的乡民来说很有必要。利用手中资源，小组成员在课堂上展示了一年四季中常见的暴雨、冰雹、雷击等气象灾害，并介绍了相应的预警、自救方案。小组成员还请小朋友们设身处地地思考一些危难处境中的合适对策并展开讨论，激发他们独立思考和探索知识的潜能。

"春泥课堂"上的另一项内容是国学教育。"春泥"计划在查田镇文汇希望小学校长胡海华的协助下为孩子们带去了一场"弟子规"讲堂。这些悠扬的文字对多数小学生而言耳熟能详，胡海华校长对此也极为重视，甚至请人以《弟子规》的内容装饰学校的围墙，但是小朋友其实很难理解这些文字背后的含义。小组成员了解这一情况后，以情景重现的方式演绎部分文字，并逐句为文汇希望小学的孩子们解释其中的深意。在这样的教育情境下，一些孩子对《弟子规》有所领悟。

如同我们亲身经历的"春泥课堂"一样，其他批次的"春泥课堂"也有着十分丰富又有趣的内容。例如，舟山海洋学院的大学生组织开展的"了解世界，规划人生"系列课程，龙泉团镇委召集周边村子的孩子们进行的"我爱我家，多彩龙泉活动"，等等。还有很多由当地镇政府组织的寒暑假项目，旨在巩固中小学生的文化基础。这些覆盖各个方面内容的第二课堂是很多乡村小学所不能提供的。

"春泥"这种形式与一般的支教活动有相似之处，但又有本质不同。最大的区别在于参教人员是在工作之余来做一些志愿性质的教育服务，规模小，形式灵活。

查田镇政府也曾经组织过政府公职人员和挂职锻炼的大学生做类似的项目，一般选在节假日或寒暑假，但限于交通条件和参与人员的工作需要，这种志愿服务持续的时间都在 3 周以内。在查田镇各个村子里，这种育人模式依然适用。如泉坑村采取了村委会成员兼职辅导孩子们的做法，家长每天将孩子送到村委会办公室，由村委会委员们帮扶指导，其效果十分明显。泉坑村的例子虽然不属于“春泥计划”的范畴，但它给了查田镇政府很大的信心，认为在各个村子里推广“春泥”计划是行的。

三、结语

回顾这次“春泥课堂”的经历，从小组自身的角度来讲的确取得了一些成绩：几次教授的知识多样又具有实用性，组织宣传流畅有序，学生家长配合积极热情。溪西村的十几天教学，效果可能不明显，但孩子们从开始的顽皮厌学到后来的孜孜不倦，他们对知识的掌握能力的确有提升。

从实践育人的角度来看，“春泥”计划扎实但缺乏创新，十几天的辅导可以为孩子带来学习成绩的进步，但未能让他们产生全面发展的动力；“春泥课堂”接纳的学生前后共有 15 人，分布在小学一年级到初中一年级，学生基础参差不齐，课堂任务的准备略显仓促，没有按照原计划以环境教育为核心描绘当地生态建设蓝图，仅有的几次环境教育课收效不大。

“春泥计划”只是一个切入口，它代表着一种小型化办学、教师群体广泛化的教育，这种教育模式在农村应该是可以推广的。参考国外的经验，如美国也是迫于出生率降低的压力在 20 世纪五六十年代撤并了一些农村小学并普及了发达的校车系统，但在 90 年代又开始了小型化的办学，其形式就包括“包班制”和兼职教育等。将这种小型教育的模式推广到每个村子，让村干部和青年知识分子参与进来，作为一项长期而宏伟的事业继续下去，是扭转农村教育质量低下、失学儿童增多等不利局势的可行路径。乡镇干部、大学生、基层知识分子，每个人都可以是希望的传播者。所谓“春泥”，无处不在。

“90后”的人生选择

——以东极岛边防战士和浙江大学学生为例*

一、调研背景

“90后”是在中国经济高速发展的背景下成长起来的一代人，改革开放的巨大成效使得“90后”的物质生活条件大大提高。互联网时代下，大量信息影响着他们的思想，也影响着他们的价值观和人生观。有人认为“90后”往往追求物质享乐，缺乏远大理想，他们的人生选择通常建立在对物质财富的追求之上，具有很强的功利主义和享乐主义特点，因此社会上一直存在对“90后”的批评与担忧的声音，甚至给“90后”贴上了“垮掉的一代”等标签。

一个人的人生选择代表着他对善恶、美丑、真假、得失的价值判断，是其价值观的外化。青年时期正是一个人开始真正对人生价值进行判断、做出合理人生选择的重要阶段。近年来，第一批“90后”开始走出校园步入社会，面临着他们人生的第一次重大选择。他们所选择的职业、工作环境以及对待工作的态度都体现出他们对人生价值的看法。“90后”的人生选择与国家未来的发展密切相关，为深入了解“90后”当前的人生选择现状，我们选取了两个不同环境下的“90后”群体——东极岛边防军官兵和浙江大学在校大学生，通过实地调查和采访等方式了解他们对人生价值的看法和对未来人生道路的选择，并进行了对比分析。

二、调研的具体实施

本次调研以对东极岛边防战士的实地访谈为主，着重采访了一位“90后”驻

---

* 本文由温雨昕、贾宏达、赵冰鑫合作完成。

岛官兵；同时对浙江大学优秀国防生刘丽雅进行采访，并通过发放问卷的方式对“90后”大学生的人生选择进行了调研。

(一)东极岛边防部队实地调研与采访

东极岛位于浙江省舟山市普陀区东极镇，东经122.4°，北纬30.1°，是中国最东边的岛屿，也是中国的重要边防线。东极岛呈东南—西北走向，长3.6千米，宽1.5千米，海岸线曲折，多湾岙，湾岬相间，岬角狭长，保持着较为原始的自然环境。

东极岛上驻扎着守卫祖国边疆的驻岛部队，岛上的官兵们着装整齐，一言一行都严守纪律。实地考察了战士们的生活环境后，我们对一名驻岛士兵进行了采访，了解了这样一批“90后”青年在小岛上的生活状态以及对人生选择问题的看法。受访者来自浙江湖州，曾就读于浙江某高校，毕业后选择参军入伍，在东极岛成了一名光荣的守岛官兵。他对自己所选择的生活进行了详细的介绍。

1.复杂恶劣的自然环境

海岛上日照强烈，一般人只要在阳光下活动两个小时左右，皮肤就会被严重晒伤，而驻岛士兵常年在暴晒中训练，皮肤都呈深小麦色甚至泛黑。受访士兵称，驻岛的第一个月，每天训练过后都会因为皮肤严重晒伤产生的痒痛而无法入睡。同时，东极岛多极端天气，台风频繁，时常带来暴雨与巨浪。边防官兵在任何恶劣天气下都必须坚守自己的岗位，并在人民群众有需要的时候，冒着狂风暴雨投入抢险救灾当中。他们在暴风雨中用背包带捆成“人链”，坚持上岗执勤，以国家安全和人民的生命财产为重，将自己的生命置之度外。

2.艰苦的物质生活条件

东极岛四面环海，淡水资源匮乏，货船运来的淡水绝大多数出售给外来游客，因此驻岛官兵的淡水补给主要来自岛上的一座小型淡水净化厂以及岛上居民所收集的雨水，水资源十分紧缺。同时，岛上水质差，含有大量杂质，不仅口感极差，用这种水洗头后，头发会干涩僵硬，驻岛官兵称之为“啫喱水”，这种水质给官兵们的日常饮水和洗漱带来了极大不便。

东极岛物质资源匮乏，庙子湖岛面积仅2.64平方千米，岛上居民集中在西侧的湾内。电影《后会无期》的取景等因素带动了岛上的旅游业发展，旅游景点又占据了小岛的部分土地，除去未开发或不宜种植的面积，岛上实际可用于农业生产的土地不足0.5平方千米，作物以荷兰豆等为主，品种单一。岛上的蔬菜与肉类绝大多数需要大陆补给，总量有限且价格昂贵。战士们除每天接受大量训练之外，还必须在军营内部的菜园进行农副产品种植才能基本满足生活需要。

3.孤独闭塞的生活状态

驻岛官兵在承受艰苦生活的同时，还必须适应日常生活的枯燥单一。东极岛每日只有一班客船可以通往大陆，交通十分不便，与外界联系困难，这对在信息社会长大的“90后”来说是一个艰苦的磨炼。大多数“90后”新兵进入部队都需要经历由大学生到士兵角色的快速转换，各类艰苦训练对身体素质和心理素质都是一个严峻的考验。岛上封闭的环境、闭塞的信息更加剧了精神上的孤独。受访者称，初来时，他在这种压力下曾一度陷入苦闷，甚至后悔选择参军，消极训练，逃避现实，但随着时间的推移，在和这些“90后”战友们相处中逐渐适应了环境，坚定了理想信念，明确了自己的使命，能直面驻岛的孤独与艰辛，选择为祖国的海疆安全奉献青春，为这个曾多次荣获集体一等功、被南京军区授予“东海前哨模范营”称号的集体奉献自我。这些年轻人很清楚自己的人生选择，他们认为这是一个青年应尽的责任，是一种有价值的生活。

(二)优秀国防生采访

在距东极岛300千米以外的浙江大学，我们采访了在校优秀国防生、遥感专业研究生刘丽雅，对她的人生选择进行了深入了解。

刘丽雅来自四川雅安，2008年“5・12”地震中大批救援官兵在她的家乡进行抢险救灾，让刘丽雅十分崇敬，树立了参军的理想。高考后毅然选择报考军校却没能成功；在四川农业大学就读时选择参军入伍，话务员五年期满，刘丽雅又一次报考军校失利，于是她退伍返校，用三年时间修完了本科课程，以第一名的成绩保送浙江大学攻读硕士，在得知招收国防生的一刻，她又一次选择报名，最终如愿成为一名国防生。

在校期间，她参加了南昌陆军学院基地化训练、解放军理工学院“精武杯”军事对抗赛，并取得了优异成绩，同时也在学术研究中付出了巨大的努力，成为每天最早进实验室、最晚离开的“铁人”。“只有为人民奉献了青春，才会留下充实、温暖、无悔的青春回忆”是刘丽雅的座右铭。她的每一次选择都是为了实现自己献身国防、服务军营的理想，为了让自己对国家有价值。她的事迹被《浙江日报》、浙江卫视、《青年时报》等媒体报道，她的人生选择体现了她对正义、奉献、拼搏的追求，是众多有理想、有追求的年轻“90后”的杰出代表。

(三)问卷调查

为了更加全面地了解“90后”在新时期的人生选择，我们对部分“90后”在校大学生进行了问卷调查。共收回了123份有效问卷。

1.在校大学生对目前生活的态度

当前的生活学习状态对一个人未来的人生选择有重要影响,50%左右的受访大学生表示对自己的工作学习抱以“有兴趣、有价值”的态度,其中有90%的学生表示有计划并可以较好地完成,仅有不到20%的人认为学习和工作“很无聊”“太辛苦”甚至“毫无价值”(见图1)。当前大学生对于工作和学习的整体态度是较为积极的,但是仍有提高空间。

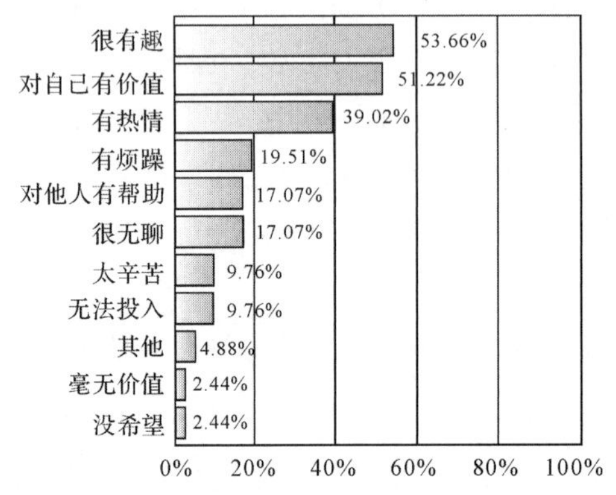

图1 在校大学生对工作和学习的态度

2.在校大学生的目标和对艰苦环境的态度

绝大多数受调查者表示自己对未来拥有一定的目标和规划,但是大部分表示自己的目标不是很远大,也有相当一部分人对未来的人生选择态度不明朗、不清晰,没有确切的人生选择(见图2)。对于类似于边防战士、刘丽雅这样做出坚定的人生选择并为之奋斗的青年,90.24%的受访者对他们的选择表示敬佩,有41.46%表示向往这样的人生(见图3)。

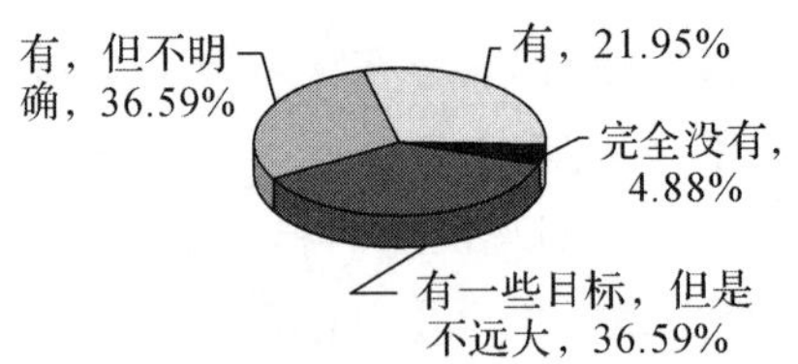

图2 对未来是否有一定的目标和规划

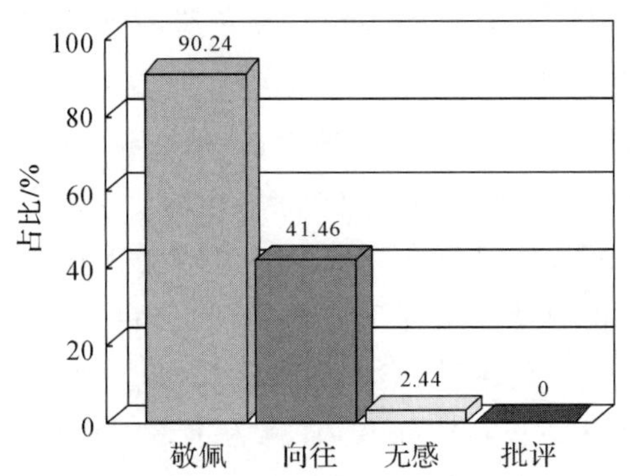

图3　对选择艰苦工作并为之奋斗的青年人的看法

3. 影响大学生人生选择的因素

很多大学生表示愿意将一些艰苦的工作作为自己未来的选择，如参军、支教、支援边疆等，而他们做出这样的人生选择的主要出发点是“锻炼自己”、“学习知识”和“做出贡献”；仅仅不到10%的人表示未来不会去选择艰苦的工作和生活(见图4)，大部分受访者认为作出这种人生选择的主要原因是，这些学生的功利心重、自私、缺乏社会责任感、怕吃苦和懒惰等。

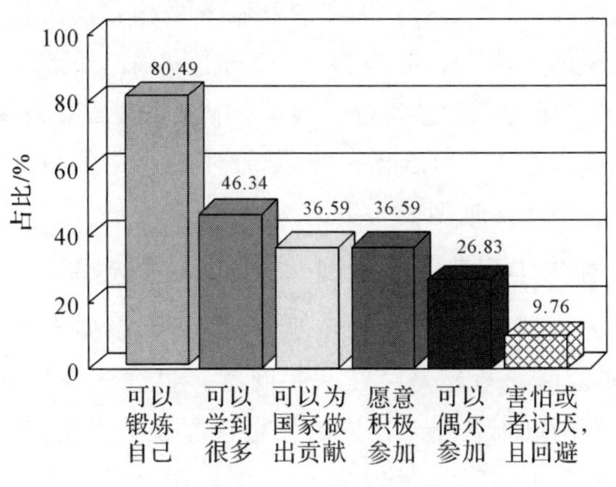

图4　对艰苦工作和环境的看法

三、调研结果分析："90后"的不同人生选择

本次调研，我们对驻岛官兵和优秀国防生刘丽雅等一些“90后”所作出的较为典型的人生选择进行了一定的总结，以此来分析在校大学生的人生选择和价值判断，得出了以下结论。

(一)以驻岛官兵和刘丽雅为代表的奋斗型、奉献型人生选择

通过调研,我们发现“90后”青年群体中有很多杰出代表,他们有着正确的价值判断,并做出了以磨炼自我、服务他人、奉献社会为目标的人生选择。东极岛的许多“90后”年轻官兵曾经也都成长于城市的小康之家,过着安逸舒适的生活,但是他们还是选择在大学毕业后放弃城市的生活,来到异常艰苦的小岛上驻守边防,忍受恶劣的自然环境,在物质资源匮乏、精神生活单调的环境中磨炼自己,克服自己曾经存在的懒散、自私和自我思想,即使有过放弃的念头,却最终战胜自己,甘愿选择在艰苦中奋斗,甘愿为了保卫祖国、服务人民而奉献青春。在他们看来,人生的价值在于保卫国家的海防安全,在于在人民有需要、有危险的时候挺身而出,在于在训练中不断超越自我、克服恶习,在于为集体赢得荣誉。优越的生活并不是人生的意义,人生选择不仅仅是自己的选择,而是与集体利益、国家利益紧密相连,有拼搏、有奉献的人生才是有价值的人生。

在大学里,国防生刘丽雅本可以轻松自在地度过大学生活,但她却始终把从军作为自己的目标,选择在军营磨炼自己,为的是“为人民奉献青春”,她的人生选择是做一名有用的军人,像抗震救灾中的军人一样为人民服务。刘丽雅的人生选择让她经历了比普通大学生更多的挫折,过得更加辛苦,但是她对这样的一种选择无怨无悔,始终把为人民和国家服务当作自己的使命。驻岛官兵和刘丽雅的人生选择都是建立在超越自我、服务他人之上的,而没有考虑个人的得失,他们在做出选择之前就准备好了迎接挑战,不惧面对的困难和艰苦环境。他们认为人生的价值在于为社会做出贡献,而不是个人的成功和享受,因此,我们将之总结为奋斗型和奉献型的人生选择。

(二)部分大学生中存在的享乐型、功利型人生选择

在校大学生的调研中,有许多人有明确的目标,敬佩有理想有奋斗的人生选择,但其整体的价值判断还是存在一些问题。根据调查数据,虽然绝大多数人对参军、援疆、为国家艰苦奋斗这样的人生选择表示尊重和敬佩,但是真正向往这样生活的人并不多,甚至少数人还会有意逃避这样的选择。相比起在军营中早出晚归的艰苦训练,许多学生还是愿意在较为安逸舒适的环境中生活。

虽然很多人在大学阶段对未来人生制订了一些初步计划,但是他们大多缺乏清晰的目标,仅仅有一些模糊的梦想,并且很多人也承认自己的人生选择并不伟大,比较实际,对于一些艰苦的工作采取敬而远之的态度,也有部分人坦言自己追求的就是优越的生活,金钱、社会地位、享乐安逸是其衡量人生价值、做出人生选择的重要考虑因素,而那些艰苦的工作最多也只能算正常生活之外的

一种调剂，绝非人生的最终选择。这些即将正式步入社会的大学生在对那些选择了艰苦与奉献生活的青年表示敬佩的同时，其中多数人还是以个人利益为先，舒适的工作环境、丰厚的薪金、安逸的生活是其理想的未来。可以说，许多大学生清楚什么是伟大的人生选择和人生价值，但在实际行动和思想认识上却有明显的脱节，他们中的部分人的人生选择基本上是建立在个人利益和个人享乐的基础之上的，将个人价值作为人生价值的全部意义，具有短期性和现实性特点，我们将其总结为享乐型和功利型的人生选择。

青年人是朝气蓬勃的一代，他们的人生选择应该建立在远大的志向、责任感和奉献精神之上。大学生受过良好的教育，有丰富的文化知识，更应是青年人奋斗的榜样。可是为什么一些"90后"大学生对奉献社会敬而远之，单纯追求享乐和安逸呢？我们通过对比两类"90后"的人生选择，总结出以下原因。

首先是时代环境对人生选择的影响。20世纪90年代是中国经济高速发展的年代，改革开放成效显著，市场经济本身追求经济利益最大化，致使人们的行为经济化，考虑问题往往从自身利益出发，拜金主义和个人主义盛行，因此"90后"在市场竞争环境下不免受到功利主义的影响，容易形成重个人利益、轻社会利益，重物质生活、轻精神生活的价值取向，从而出现个人选择的功利化趋势；同时，对外开放的日益深入在带来国家腾飞的同时也导致资本主义社会中极端个人主义、拜金主义、享乐主义的传入，"90后"青年学生正处于价值观塑造时期，很容易受到外来文化的影响，推崇拜金主义、个人主义等。同时，信息时代下网络、大众传媒所传递的一些不良思想如拜金主义、极端个人主义等，影响了青年的价值观，促使其做出趋利性的人生选择。在我们调查的大学生中，很多人把金钱和享乐作为自己人生选择的主要考虑因素，把个人利益作为人生价值的标准，而参军这类辛苦而清贫的行业是其恐惧而逃避的，这与"90后"成长的时代背景有关。

其次是家庭环境对人生选择的影响。"90后"大多成长于小康家庭，从小衣食无忧，安于享受物质生活，缺乏艰苦环境中的锻炼。因此大多数"90后"青年在做出人生选择的时候都会刻意逃避艰苦的环境，看重物质条件。我们所采访的驻岛官兵，他们在刚刚进入部队的时候也难以忍受部队的严苛和艰苦，在校大学生则是长期处于校园安逸的环境中，几乎从来没有吃苦的经历。通过边防军展示参军一年的变化来看，只有在艰苦的环境中磨炼过，才会更加深刻地认识到自己的责任与价值，才会乐于为社会做出贡献，而当代青年在这一点上是极为欠缺的；同时，"90后"多为独生子女，往往受到全家人的关注和溺爱，容易以自我为中心，对其他人缺乏关注，因此，他们在做出人生选择的时候，往往也不会考虑他人的需要和社会的需要，完全以个人的利益为标准；还有一部分“90后”，由于从小过于依赖父母，缺乏独立思考与判断的能力，因此其人生选择常常是父母意愿的折射。

最后是缺乏正确的引导。正确的人生选择和价值判断不仅仅需要个人的觉悟，还需要来自第三方的正确引导。驻岛官兵中一些人刚刚参军时消极训练、怕苦怕累，但是部队严格的训练和思想教育使青年官兵很快端正了态度，树立了正确的观念。而目前的大学教育更注重学科知识的传授，对学生的培育主要着眼于职业选择和生活技能追求上，而缺乏价值观的有效引导和教育，大多数高校尽管设置专门的机构来对学生的人生目标、人生价值进行指导，但实效性欠佳这一教育环境使得许多“90 后”大学生过多地关心个人价值的实现而忽视社会共同理想的追求，社会责任意识淡薄。在巨大的学习、就业竞争压力之下，“90 后”青年不能很好地树立正确的价值观，部分错误的价值判断不能得到及时的纠正，而这可能会导致他们做出一些消极甚至错误的人生选择。

四、调研总结

通过多方面的调研我们得出，“90 后”在人生选择上有两种不同的观念，一些人目标远大、勇于奉献，而另一些人追求功利、安于享乐。有的人对东极岛驻岛官兵、国防生刘丽雅这样主动挑战自己、奉献他人的选择持以敬佩之心，但是缺乏实际参与的勇气，满足于个人利益，功利主义和享乐主义观念颇为严重。青年是祖国的未来，是民族振兴的后备力量，因此帮助当代青年树立正确价值观、做出合理的人生选择显得愈发重要。正确的人生选择并不一定要去参军、去守卫边防，而是要把人民和国家的利益纳入人生选择的考虑范围，在实现个人价值的同时为社会做出自己的贡献，无论是选择扶贫济困、援疆支教，还是在自己的本职工作中做出有利于他人和社会的成就，都是积极的、正确的人生选择，而正确的人生选择对国家、对社会、对个人都是十分重要的。

一个人的人生选择不仅仅是其价值观的体现，同时也影响了其未来的发展方向，甚至影响社会的进步。针对“90 后”的人生选择现状，我们提出以下建议。

其一，在享受时代所给予的条件与机会的同时，“90 后”青年应相应地树立回报社会的观念，在进行个人选择时也应当考虑社会的需要，把人民和国家的利益与个人利益相结合，应认识到人生选择不仅仅是个人选择，而是实现自己社会价值的开始。树立正确的人生观和价值观，抵制低俗观念和腐朽思想，以社会主义核心价值观来指导自己，提高思想道德素质，应将社会主义核心价值观与个人理想追求紧密联系起来，努力追求个人价值与社会价值的共同实现。

其二，青年人应当为自己的行为和选择负责，应当承担自己的责任，因此“90 后”青年在做出人生选择时应当有意识地去改正缺点，主动地在实践中磨炼自己，在困难中锻炼自己，而不是刻意逃避艰苦环境，自我的超越比物质的获取更能带来成就感。

其三，在人生选择的过程中，“90 后”青年可以寻求他人的帮助与指导，及时更正自己的方向，做出正确的选择。同时，社会也应当重视对“90 后”人生选择的引导，为其提供更多的锻炼机会，帮助其做出正确的人生选择，使其能更好地发展、更好地为社会服务。

浙江大学创业教育效果调研*

一、调查背景

2013 年，在 75 所部属高校中，浙江大学毕业生的创业率居第一。2014 年 11 月，李克强总理走访浙大时，也重点强调了浙大学生的创业率在全国高校中排名第一的事实。近年来，浙大通过构建协同互动体系、整合内外资源、开启国际视野等多措并举，推动学生创新创业，现已形成“创业培训—创业竞赛—创业交流—创业孵化”全过程的创业教育机制。为了深入了解浙大创业教育的效果，我们从多个方面对浙大创业教育的现状进行了调查。

二、浙大创业教育概况

(一)浙大创业教育成果

1. 创业团队

截至 2013 年，浙江大学拥有在校创业团队 180 个，其中有近 40 个创业团队申请注册了公司。

2. 社会资金

截至 2013 年，浙江大学学生创业团体获得社会资金支持累计达 2.2 亿元。

3. 发明专利

根据国家知识产权局公布的 2014 年高校发明专利申请受理量排名，浙江大学以总量 2667 件位居第一。

4. 科技园发展

截至 2014 年，浙大科技园中累计入园企业总数达 1200 多家，培育高新技

* 本文由苏雪飞、马龙、古炯宏、董鹏辉、龚晨、张美璇、闫鹏合作完成。

术企业70多家，有3家公司上市，科技孵化企业达1000余家。其中，园区内70%初创企业的核心团队成员是浙大学子。

（二）浙大创业教育模式

浙江大学通过构建协同互动体系、整合内外资源、开启国际视野等多措并举，推动学生创新创业，实现了“个人兴趣导向、学校积极扶持、全社会共同参与”的“全链型”创新创业模式，主要包括四个方面：创业政策、创业课程、创业实践竞赛、创新创业实战平台。

1. 创业政策

浙大于2000年年底制定出台了《关于浙江大学教职工和学生在大学科技园创办科技孵化企业的若干规定》《关于学科性公司的改制意见》等政策，鼓励师生从事高水平的科技成果转化和高新技术企业培育，加快浙江大学科技成果的转化以及产业化。

同时，国家也出台了《国家级大学生创新创业训练计划项目管理办法》《关于研究生在学期间停学创业的暂行规定》，帮助大学生处理好创业与就业、学业之间的关系。

2. 创业课程

浙大开设了创业教育、创业与创新基础、技术创新创业等课程30余门，开设创新与创业管理强化班（ITP）辅修专业。同时，设立了亚洲首个创业教育博士点，成立由校长担任组长的学生创新创业教育工作领导小组，加强了对全链条、立体式的学生创业教育的组织领导。通过企业家创业论坛、创业总裁说、企业家结对等方式，实施“大学生创业导师计划”，邀请知名企业家、投资人等担任创业导师。

3. 创业实践竞赛

通过举办“蒲公英”大学生创业计划竞赛、校友创业大赛、“新尚杯”全国高校大学生创业邀请赛等多个竞赛活动，构建创业教育实践体系；成立了30多个创新创业社团，全年共举办400余场“创业点子秀”“创业沙龙”等活动。

4. 创新创业实战平台

建立师生高科技科研成果转化对接平台，成立了浙江大学科技创业实验园等创业基地，围绕培育高新技术企业，实现科研成果转化对接。

创建紫金创业元空间，争取社会投资1000余万元，在校内开辟800余平方米创新创业实践基地，首批30余个创业团队已入驻。

发展小微企业创业孵化育成平台，启动浙江大学良渚育成创业孵化基地建设，打造大学生创业小镇，成为小微企业孵化器。

总的来说，浙大的创业教育模式是全国领先的，可以作为中国高校创业教育的一个模板，以浙大为代表的高校创业力量是当今“大众创业，万众创新”大潮中的一支精英部队。

三、浙大创业教育个案访谈

为了更加深入了解浙大创业教育，探究宏观数字背后的教育本质，我们在对浙大毕业的优秀创业校友进行了访谈并参观了其创办的企业后，总结出在浙大的创业教育下走向创业的途径，有两种模式——创业目的型和专业深耕型。

（一）创业目的型

我们首先采访了杭州友谦网络科技有限公司 CEO、浙大 2011 级控制科学与工程学系硕士研究生秦旭斌。泰旭斌大二时加入了创新与创业管理强化班。对他而言，参加强化班是他人生的一个非常重要的转折点。他认为这是一个优秀团结、创业氛围极佳的班级。在强化班，有本科阶段最专业的创业训练，秦旭斌在课程学习、实践锻炼、人脉积累、实习等方面获得很多机会。强化班的两年学习，让秦旭斌对创业有了更加深刻的认识。大三时，他还参加了“蒲公英”创业计划竞赛。回顾下来，他觉得这一竞赛总体上还是偏文本和展示，项目没有产品化，但这个过程让他认识到什么样的人才是真正能够与自己愉快合作的人。

此外，正是通过 ITP 提供的保研名额，秦旭斌得以将更多精力投入在了创业上。这其实是对创业者非常实际的支持，为创业学生降低了人生投资的风险。

我们又采访了海纳书院创始人杨东哲，浙江大学 2014 届本科毕业生。杨东哲表示在创业实践的过程中，有很多方面都得益于之前参加的 ITP。谈及收获，他觉得最重要的就是人脉，在辅修班中，他接触到了很多真心想创业并且有想法的人，“大家可以交流沟通，相互学习，这是最重要的收获”。此外就是学习了一些精品课程，比如管理学院的“管理学”“企业法”，“之前自己采用的都是野路子，通过这些课程的学习，运用现代管理思维，将自己的思路归纳成一个体系。此外，接触到很多学长和学姐运营的项目，这也让我更加有经验和判断力，判断一个项目的可行性”。

从这两位学长身上，我们可以看出浙大的创业教育在知识与技能、思考与锻炼、人脉与平台、氛围与机遇等方面为创业者提供了帮助，这种以创业为目的，并贯穿创业教育始终的模式，可以称之为创业目的型。

(二)专业深耕型

在浙大,创业教育还有另一种模式——专业深耕型。一些同学并没有参加ITP、创业大赛这些以创业为目的的项目,而是一直专注于自身专业的发展,然后凭借自身在专业内做出的优异成绩与成果,走向创业之路。

浙江大学控制科学与工程专业博士在读的蒋明达学长是神灯科技创始人。神灯科技是一家专注于研发脑健康产品的高科技电脑公司。据我们采访的一位神灯科技负责人介绍,其产品的思路与原理来自浙大高等研究院科研项目。当时蒋明达发现根据该项目中一篇论文的结论,可以做出一个产品,于是他创建了神灯科技,将科研技术产品化、市场化。

浙大工业设计专业也有一位"大神"级别的创业学长,他就是邱懿武,现任杭州云造科技有限公司创始人兼CEO,曾荣获十余项红点设计大奖、IF设计奖等国际设计大奖。邱懿武在工业设计领域获奖无数,是一名优秀的设计师。与很多设计专业的学生选择进入设计院不同,邱懿武选择了创业,他创建了自己的公司与品牌,希望打造富有时代设计感的产品,将设计的作品变为面向市场的产品。

两位学长都是因为在自身的专业领域取得了不俗的成绩,受浙大创业氛围的影响而走向创业。在浙大,通过类似途径走上创业的校友不在少数。这样的一种模式说明了浙大的创业教育不仅体现在那些看得到的课程、竞赛上,也体现在整体的创业氛围、创业平台上。

我们认为,两种模式各有千秋,互相补充,一种适合一开始就打定主意要创业的同学,另一种适合在专业领域厚积薄发,进而把握创业机会的同学。

四、浙大创业教育效果调查

(一)调查目的

关于创业教育效果,社会上有很多评价标准,有基于A轮融资的创业企业的数量的,有基于校友企业融资总额的,有基于国家级创业比赛获奖数目的。但这样的排名导向使越来越多的学校将创业教育等同于鼓励大家去成立创业公司,去参加创业比赛。事物的发展有其客观规律,一味追求企业数量、比赛名次,不应该是创业教育的本质。

通过之前的调研与访谈,我们小组认为,真正有效的创业教育应该是播下创业的种子,而不是看重短时间的创业成果;是让学生去接触创业、思考创业,而不是给学生洗脑,一味鼓励学生接受和选择创业;是面向广大学生的,而不是仅仅针对极少数人、针对短期成果给出成绩的。

(二)调查数据分析

基于这样的理念,我们精心设计并实施了两项网络问卷形式的社会调查,检验浙江大学创业教育的效果。两份调查分别是"浙江大学创业教育调查"(在浙江大学校园内发放)、"高校创业教育调查"(通过网络面向社会其他高校)。

两份问卷在问题设置上基本相同,我们希望通过对比两份调查问卷来了解浙大创业教育的效果。我们最终获得135份有效问卷,下面对部分调查题目展开分析。

1. 在浙大创业教育的影响下,您是否有过"想要创业"的思考?

这道题旨在考察创业教育能否使学生去接触创业、思考创业。对创业资讯的关注程度反映了学生对创业的了解与认知。在这点上,浙大学子明显高于其他学校的学生(见图1、图2)。

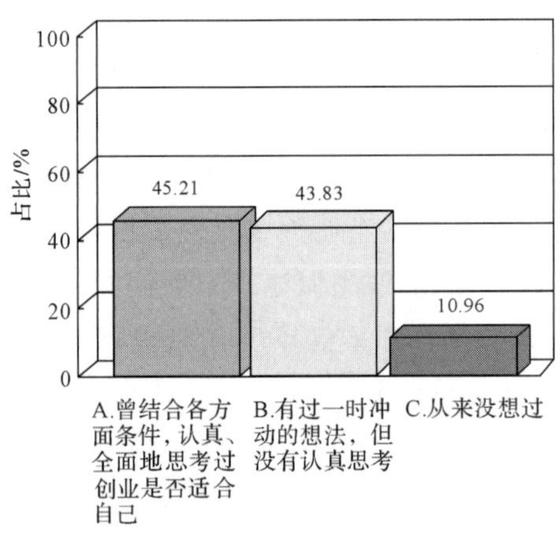

图1 浙大学生对创业的想法

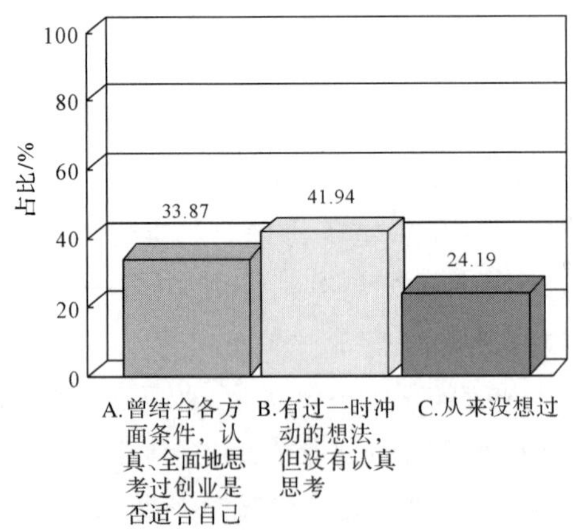

图2 其他高校学生对创业的想法

2. 毕业后或工作一定时间后(积累了社会经验、人脉、资金),您是否愿意去创业或加入创业型公司?

这道题旨在考察创业教育是否播下创业的种子。我们考察的是长期的职业选择,不是毕业后的第一份工作。调查显示对创业十分有热忱的人没有增多,反而减少了,这也说明创业与否和人的性格有关,后天影响有限;也可能是浙大学子经过认真、全面思考后,对创业的选择更为理性。但 B、C 选项所反映出来的浙大学生与其他高校学生的反差,则说明浙大的创业教育改变了学生对创业公司的态度(见图 3、图 4)。

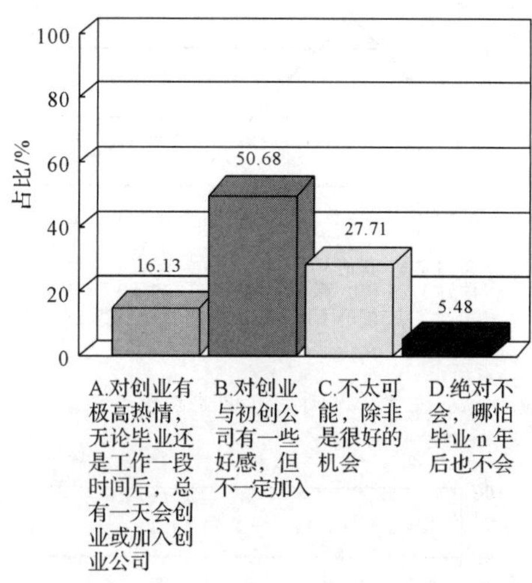

图 3　浙大学生的创业意向

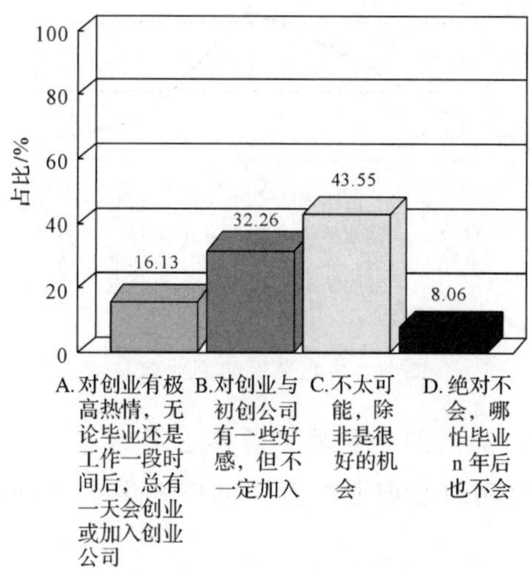

图 4　其他高校学生的创业意向

3. 对本校创业教育的评价

对本校的创业教育，浙大学生比其他学校的学生评价要高，但认为创业教育有些浮夸的比例也高于其他学校（见图 5、图 6）。这也在提醒学校，创业教育不要搞太多噱头，否则会使学生反感。

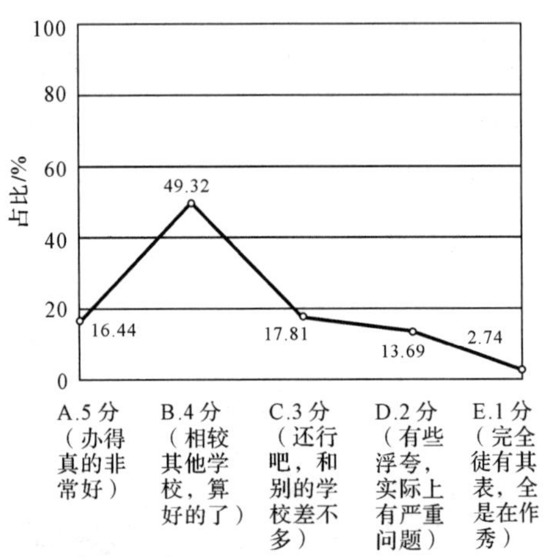

图 5 浙人的创业教育

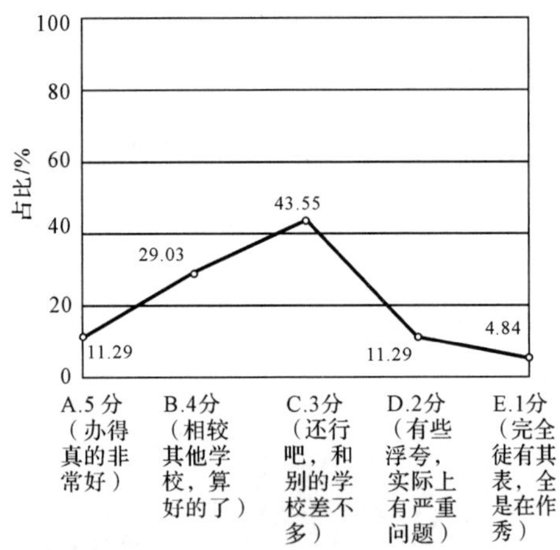

图 6 其他高校的创业教育

从以上数据来看，浙大的创业教育总体上得到了学生的认可，基本上优于其他高校，并且较为成功地使创业教育面向广大学生，将创业的种子埋在了学生心中。

五、调查总结

综合调查结果，我们谨慎总结出以下结论：第一，宏观上，高校创业教育的成果很多，高校创业者是当今创业热潮中的精锐力量。第二，微观上，高校的创业教育为创业者提供了知识与技能、人脉与平台、氛围与机遇等。在浙大，创业教育得到了创业校友的肯定。第三，基于我们的创业教育调查，浙大的创业教育在全国高校中是做得比较好的。

浙江基层组织和社会组织协同治理模式研究

——以慈溪市和谐促进会为例*

一、调研背景

慈溪市地处东海之滨、杭州湾跨海大桥南岸，是沪杭甬经济“金三角”的重要节点城市。全市总面积1154平方千米，户籍人口103.5万，外来流动人口现已达到95万。2010年全市实现生产总值750亿元，人均生产总值跨越1万美元大关，达到10747美元。慈溪市的财政一般预算收入和地方财政收入分别达到104.88亿元和57.19亿元，成为浙江省首个财政超百亿元县(市)。

改革开放后，慈溪市依靠东南沿海地域优势，经济得到快速发展。工业特别是传统制造业是慈溪经济的支柱，且以民营中小企业居多，由于当地劳动力资源紧缺，全市3.5万家工业企业吸纳了大量外来劳务人员。2004年，全市外来流动人口总量50万，目前登记在册的外来流动人口达95万，年增加量10万人左右。大量流动人口的涌入，为慈溪市经济社会发展做出了巨大贡献，同时也给慈溪社会管理带来了严峻挑战。尽管慈溪市政府开展了一系列平安创建活动，但打不胜打、防不胜防、管不胜管。在打击处理的犯罪分子中，80%是流动人口，80%侵财型案件的受害者也是流动人口。而造成这一后果的一个重要原因就是，部分本地群众对外来建设者缺乏肯定、包容、善待，经常产生误会，部分外来建设者由于观念差异、习俗差异，未能入乡随俗，处于边缘状态，难以融入当地主流社会，进而产生妒忌心理、矛盾冲突，个别人甚至走上了违法犯罪的道路。

---

* 本文由张磊、蒋伦、楼思婧合作完成。

二、慈溪市和谐促进会概况

(一)和谐促进会的由来

面对上述种种问题,慈溪市的一些村尝试吸收优秀外来务工人员加入保安队伍,参与治安防范和矛盾纠纷调处,由于他们的境遇相同、语言相通、感情相融,取得了良好效果。2006年年初,慈溪市开展了一项题为"民间组织与平安建设"的课题研究,在进行调研时,感受到了外来务工人员希望得到肯定、受到尊重、融入主流社会的强烈意愿。在广泛听取各方面意见的基础上,慈溪市决定建立一个旨在促进新老市民融合的社会组织,并最终提出了"和谐促进会"的建设框架。

(二)和谐促进会的发展历程

2006年4月,慈溪市率先在坎墩街道五塘新村创设了"以人际和谐为目的,以村(社区)为单位,由市镇两级党委政府引导推动,村级党组织、村民委员会、经济合作社直接领导,当地群众与外来建设者共同发起,按照国家社团建设有关要求依法成立,具有民间性、共建性、互助性、服务性特点的民间组织——村级和谐促进会"。同年5月,第二个村级和谐促进会在掌起镇陈家村成立。

根据上述两村的探索经验,慈溪市委市政府召集市委政策研究室、市委组织部、市暂住人口管理服务办公室、慈溪市民政局等部门领导进行充分研讨,进而在市级现代化示范村先期推开。在此基础上,2006年10月,慈溪市委、市政府召开全市村级和谐促进会建设工作会议,印发了《市委市政府关于加强村级和谐促进会管理指导工作的若干意见》,动员各地借鉴成功经验,全面建设村级和谐促进会。

2008年下半年,以基层和谐促进工程建设为载体,进一步深化发展和谐促进会,赋予其更多职能,推动这一社会组织的功能由融合为主向参与基层社会协同治理拓展,从而进一步完善基层社会管理机制,形成以村(社区)党支部为核心,村(居)民委员会为主体,村(社区)经济合作社为支撑,和谐促进会为依托,企事业单位和社会各界群众广泛参与,基层组织和社会组织协同治理的基层社会管理新机制,丰富了基层自治的载体,实现了社会管理主体的多元化,形成了基层组织和社会组织相结合的基层社会管理新格局,促进了基层社会管理能力的提高。

截至小组采访时,慈溪市345个村(社区)已全部组建和谐促进会,共有会员单位3026家,会员2.8万人(其中外来人口1.3万人),理事5287人(其中外来人口1310人），还有1000多名优秀外来人口担任了片组长。

（三）和谐促进会的运作模式

通过制定《村级和谐促进会章程》，慈溪市各镇（街道）按照“自愿入会、自选领导、自聘人员、自筹经费、自理会务”的办会原则，指导村级和谐促进会建立健全民主选举制度、民主决策制度、财务管理制度和重大事项报告制度，督促其落实规范管理。其中，村级和谐促进会会费按照“以会养会”的原则收取，采取由镇里出一部分、有条件的村补一部分、辖区企业按团体会员资助一部分的形式筹集。在工作方式上，通过经常性组织开展志愿者行动、文化体育活动等，推进村务共管、文明共倡、困难共帮、平安共创，积极营造和谐友爱型的邻里关系、承租关系、劳资关系和人际关系，促进和谐村居与和谐社区的建设。

（四）和谐促进会的三大组织形式

1. 会员

和谐促进会会员主要由村干部、优秀外来务工人员、社区保安、村民代表、出租私房房东、私营企业主等组成，村民和外来务工人员各占一半。由全体会员大会（或者会员代表大会）选举产生理事会，理事会设会长、常务副会长、副会长、秘书长。一般由村党支部（总支）书记担任会长，副书记担任常务副会长，责任区民警、村治调干部、保安队员、优秀外来人口、企业保卫科长分别担任副会长，村治调干部兼任秘书长。

2. 工作委员会

和谐促进会理事会内设七个专门工作委员会，包括会员组织工作委员会——组织动员会员树立地位平等、相处和谐理念，不断发展会员，壮大队伍；维护劳工者权益工作委员会——代表会员，维护会员的合法权益，调处劳资纠纷；社会矛盾调处工作委员会——了解社情民意，反映会员诉求，调处民间矛盾；文化体育工作委员会——组织会员开展文化体育活动，丰富业余文化生活；党团组织工作委员会——组织会员中的党员、团员，保持组织联系，开展组织生活；计划生育工作委员会——宣传计划生育政策，倡导优生优育；公益服务工作委员会——带领会员参与社会公益活动，动员会员增强治安防范意识，积极参与群防群治，共同创建“平安慈溪”。上述各专门工作委员会主任分别由副会长或理事担任。

3. 小组

和谐促进会理事会下设小组。以社区保安责任区为单位分组，各小组分别以数序排列。小组长一般由优秀外来人员担任，副组长一般由有责任心的房东、优秀外来人员担任。

(五)和谐促进会的四大基本做法

和谐促进会依托村、社区组织优势，立足新老市民共建共促共享，坚持以活动促交流、以服务促融合、以参与促管理、以凝心聚力促和谐建设，其基本做法包括以下四个方面。

一是搭建民主参与平台。当前，外来务工人员的思想活动和社会需求的独立性、选择性、多变性、差异性明显增强，和谐促进会的建立为他们的利益诉求表达提供了公平机会和有效平台，广大外来务工人员可通过参与各种社会管理和公共服务，增进沟通了解，促进求同存异，推动社会和谐稳定。

二是缓和化解社会矛盾。和谐促进会扎根于基层群众之中，依托覆盖广泛的会员网络，及时准确掌握各类动态信息，畅通社情民意反映渠道，妥善化解矛盾纠纷，引导广大外来务工人员以理性合法的形式表达利益要求，解决利益矛盾，自觉维护安定团结。

三是协调保障社会利益。和谐促进会通过开展助困、助医、助学、助残以及赈灾、慈善、维权等活动，在社会保障体系中起到了拾遗补阙的重要作用。有些和谐促进会还通过吸纳社会资金，拓展就业渠道，帮助外来务工人员寻找工作，“有困难找和谐促进会”已成为新老市民的广泛共识。

四是提供社会公共服务。和谐促进会积极为广大新老市民提供教育培训、文化体育、卫生保健、扶贫济困、环境保护、法律援助、社区服务和志愿促进等服务项目，尤其是为新老市民提供政府和市场不愿、不便或不能提供的一些中介服务和直接服务。

(六)和谐促进会的五大工作平台

一是志愿者活动平台。组织有相应能力和特长的会员，开展专题志愿者活动，实现新老村民双向互助、双向服务。

二是村企共建平台。调动企业参与和谐促进会的积极性，把一些较大企业划分为单独片区，加强对企业主的社会责任意识教育，帮助企业算“平安账”，使企业主认识到善待外来员工、营造和谐的社会关系最终对企业有益。

三是信息沟通平台。依托和谐促进会广泛覆盖的会员网络，及时准确掌握各方面动态，妥善化解矛盾纠纷，促进农村基层社会治安形势的好转。

四是文体活动平台。通过组织新老村民共同参与文体活动，丰富文化精神生活，加强双方沟通，消除隔阂，增进互信。

五是思想政治工作平台。发挥桥梁纽带作用，推动村(企业)党团工作向外来人口覆盖，党团活动向外来人口延伸，吸收外来人口中的先进分子加入党团组织，外来优秀党员进入村党组织班子。

(七)和谐促进会的六大职责

一是履行和谐促进会章程确立的职权，充分发挥各专门工作委员会的职能作用，组织会员、动员会员树立地位平等、相处和谐的理念，不断发展会员、壮大队伍，为人民群众参与和谐共建活动提供环境条件。

二是代表会员，维护会员的合法权益，了解社情民意，反映会员的意见、要求和建议。当外来人员遇到困难、发生矛盾时，尽可能予以帮助解决。

三是组织会员中的党团员，保持组织联系，开展组织生活。

四是组织会员开展法律、法规、政策、乡土文化的培训和劳动技能培训，提高劳动者素质。

五是组织会员开展文化体育活动，丰富会员业余文化生活。

六是带领会员参与社会公益活动，动员会员增强治安防范意识，积极参与群防群治，共同创建“平安慈溪”。

(八)掌起镇陈家村和谐促进会①

陈家村地处掌起镇中部，为镇政府所在地，是掌起镇的政治、经济、文化中心，区域面积 3.6 平方千米，地段复杂，暂住人口流动量大，全村现有常住人口 5503 人，暂住人口 4000 余人，登记的出租户数 465 户，出租房屋 1591 间。

陈家村是慈溪市村级和谐促进会试点村，在掌起镇第一个创建和谐促进会，经过几年来的工作开展，取得了不少成绩。近年来通过新老村民的共同努力，该村先后被授予“浙江省全面小康建设示范村”“浙江省卫生村”“宁波市文明村”“宁波市卫生村”“慈溪市级绿色村庄”“宁波市民主法制示范村”等，连续几年获评“慈溪市先进党组织”等多项荣誉称号。

掌起镇陈家村和谐促进会建立了会议制度、决策责任追求制度、印章使用与管理制度、列会制度、干部任期目标经济责任审计制度等。

1. 墙兴贵与“小墙热线”

2009 年 5 月 16 日，在陈家村和谐促进会换届选举中，墙兴贵再次被选为陈家村和谐促进会副秘书长。墙兴贵，男，贵州人，大学毕业，2006 年 5 月 16 日当选陈家村和谐促进会副秘书长。其间，他先后在和谐促进会里自发组织“党团员义务巡逻队”，以自己姓氏取名，开设了“小墙热线”；2008 年，墙兴贵组织成立

---

① 资料来自陈家村村委会。

了“奥运志愿者队伍”“交通志愿者队伍”“社会治安志愿者队伍”“禁毒、计生宣传志愿者队伍”。

“小墙热线”2009 年被宁波市委市政府授予“最具影响力文明服务品牌”，是慈溪市唯一获此殊荣的单位和个人奖项获得者。他本人又一次荣获“浙江省优秀农民工”等称号。多年来，“小墙热线”在为村民们找工作、化解矛盾、处理劳资纠纷、工伤理赔等方面做出了巨大的贡献。（见附录一）

2.陈家村和谐促进会的工作目标

（1）组织网络化

全面实现片区外来人口管理员和小组长承包制和联户制。外来人口专管员承包 150 户家庭，小组长联户 50 户家庭。每个片区由 1 名专管员和 3 名小组长承包和联户。共计 5 个片区 15 个小组，使社会治安综合治理网络和社会服务与管理网络“横向到边、纵向到底，直接到户，覆盖全员”。

（2）职责分工明确化

制定和谐促进会的外来人口专管员与小组长的工作职责，并向所在地村民公开。

（3）工作规范化

建立和谐促进会的外来人口专管员与小组长、新村民学习制度、培训制度、列会制度、情况报告制度、台账制度、考核评比制度等。

（4）活动经常化

经常开展形式多样的活动。以活动促参与，以活动促沟通和交流，以活动来增强凝聚力和向心力。

（5）保障制度化

为创示范片区，出台一定的扶持政策和奖励办法。配齐外来人口管理员和小组长，给予充分的资金保障，让和谐工作得以顺利开展。

（6）成效具体化

成效明显，涌现出一批又一批实实在在的典型事例和模范人物。

（7）宣传制度化

和谐促进会办公室要经常宣传每一个片区发生的好人好事，把这些好的事例报送给镇、市主管领导，同时又要把市镇两级的要求和通知及时、准确传给每个片区。

（8）联系制度化

各片区的小组长应及时向承包人反映存在的问题和需要改进的方方面面，

片区承包人更应该及时把不安全、不利于和谐稳定的因素和信息反馈给办公室，如果不能解决，办公室人员应及时予以反馈，由促进会理事提出解决方案；如果还不能解决，会长或常务副会长必须及时报告上级主管部门。

(9)调解制度化

和谐促进会专职调解员或片区承包人在调解矛盾或其他纠纷时，必须按和谐促进会的调解制度予以调解。时时事事保持公平公正、合理合法。

(10)新老村民相处亲情化

不管用什么方法，抓服务也好，抓管理也好，和谐促进会的目的只有一个，就是要实现“新老村民之间的亲近之情、长久之情、互助之情和关爱之情”。

(陈家村和谐促进会的工作状况另可见附录二)

3. 陈家村和谐促进会的工作成效

其一，新老村民在互相帮助中解决了合理需求。和谐促进会把解决外来人员子女就学、新村民在就业、就医、劳资、租房等方面遇到的困难和诉求作为重点工作来抓，紧紧依靠广大新老村民，调动一切可调动的积极因素，尽最大力量为他们提供服务与保障，使在掌起镇居住的村民们感受到第二故乡给予的温暖，为社会和谐稳定打实基础。和谐促进会已为 1400 余名新村民解决了就业问题，为 50 多人解决了入学问题，为 400 多人解决了租房问题，出资帮扶困难人员 400 余名。“有困难找和谐促进会”已成为陈家村新村民的共识，小墙热线、和谐促进会需求服务站积极为外来人员就业牵线搭桥，全镇 54 个需求服务站已经为 1400 余名新村民就业提供了帮助。

其二，新老村民在交流沟通中减少了隔阂。和谐促进会以活动促交流，积极搭建沟通平台。通过举办各类文艺活动、各类体育比赛，召开新老村民茶话会，举办联谊会，组织各类教育培训，结合文明村和平安村的创建，广泛吸纳新老村民参与环境卫生、群防群治等公共事务管理，丰富了新村民的精神文化生活，有力地促进了新老村民之间的相互交流与沟通，增进了新老村民间的认同和融合。

其三，在调解中化解了社会矛盾。和谐促进会副秘书长、专职副会长、理事或片组长都是由来自不同地方、来掌起镇时间较长、文化素质高、信用较好、有一定威望的外来人员担任。当外来人员与本地居民发生矛盾和纠纷时，由这些人帮助调解纠纷，成功率较高。2009 年，陈家村又探索实践了特聘新村民做调解员、信息报送员，取得了较好的成效。目前，陈家村通过和谐促进员已成功化解各类矛盾纠纷 190 多起，报送有用信息 60 多条，使不少矛盾化解在小村里、解决在萌芽状态，真正维护了新老村民的合法权益，促进了社会的和谐和稳定。

其四，和谐促进员成了平安建设和社会和谐的生力军。和谐促进会不仅按片组成立由新老村民共同参与的治安巡逻服务队，配合专职保安服务队员开展义务巡防，而且充分发挥促进员在同乡中人熟、信息灵的特点，及时发现基层不稳定因素，把各类矛盾和纠纷妥善有效地解决在初始阶段，促进了基层和谐稳定。

在掌起镇，各村片区组长与所在辖区内的住户（包括新村民）搞好联户工作（每人100～150户），实行责任到人、责任到户。各村片区小组长负责所在辖区内各种信息的报送，形成网络，进行全程监控。

三、慈溪市和谐促进会的工作成效

第一，充分发挥社会融合组织在基层社会管理中的作用，推进了不同群体的和睦相处、深度融合。

和谐促进会发挥民间组织结构自主灵活的优势，搭建专门工作委员会和片组等平台，吸引和组织新老村民共同参与丰富多样的社会活动，通过经常接触、思想沟通、感情培养、文化交流，使新老村民之间减少误会和摩擦，增进感情和了解、理解、谅解、善解，进而产生肯定、包容、认可、尊重，互相关心、照顾、逐步熟悉、融合。坎墩街道五塘新村拥有外来务工人员3100人，是本村居民的5倍，原来刑事治安案件多发，社会环境较差。自2006年4月率先成立了慈溪市首家村级和谐促进会以来，通过它调解处理民间纠纷，为外来人口提供多种内容的管理服务，在新老村民之间有效地化解了隔阂、增进了感情，社会环境不断好转。宗汉街道周塘西村按照“扩大功能、延伸网络、划片设点、强化职能”的原则，将全村分为5个片区，每个片区按30～50户（包括新村民）为一组，每组设立一个和谐促进会联系点，全村共设49个联系点，在其中实施村域新老村民网格式管理、互助式服务，使和谐促进会组织网络延伸到新老村民家中，成为新老村民感情的联系点、民情反映的倾诉点以及社会矛盾的调节点。

第二，寓管理于服务之中，大大拓展了农村基层社会管理的内容。

和谐促进会具有贴近受益群体的先天优势，始终致力于关注和满足新老村民的社会需求。目前，和谐促进会已经延伸了504个需求服务站，为近万名外来务工者提供了帮助，它们已发放各类宣传资料27万余份，免费提供计生药具1.8万余盒，发布房屋租赁信息1.5万余条，满足了村民就业、就学、就医、维权、租房等多方面的需求。另据统计，2007年以来，慈溪市和谐促进会共开展各类教育培训 3612 场次，参加人数达 55 万人次；组织各类文体活动 6600 场次，参加者达 200 万人次；开展各类志愿者活动近 3 万人次，服务群众 10 万余人；有 2.6 万人参加常年性夜巡活动，排摸并化解各类矛盾纠纷 1.3 万起，先后为 15 万外来务工人员解决就业、就学、租房等方面遇到的困难；募集帮扶资金近千万元、帮扶困难人员 2.5 万名。横河镇各村级和谐促进会还通过建立“暂口巾帼服务驿站”(暂口即暂住人口)，开展手拉手结对活动，发放外来妇女服务联络卡、爱心卡，为外来妇女提供力所能及的帮扶服务活动。通过主动热情的服务，使流动人口自愿接受管理。

第三，广泛吸收外来人口参与社会管理，促进社会和谐发展。

由于经济地位、地域文化、思想观念等方面的差异，人口流入地社会对外来流动人口客观上存在着“经济吸纳、社会拒入”的现象，加之现有管理制度的缺陷，外来人口的边缘化、弱势化特征较为明显。和谐促进会不再人为分割本地居民与外来流动人口，而是通过构建不同社会群体共同参与、平等交流的平台，提高相互认同度，广大外来务工人员在参与社会管理的过程中不断增强对工作地的归属感和主人翁意识，许多社会矛盾和利益冲突因此消弭。比如贵州籍务工人员墙兴贵一直担任掌起镇陈家村和谐促进会副秘书长，他开设的“小墙热线”已服务上万人次，涉及劳资纠纷、交通工伤事故处理、就业及子女就学等问题，帮助近万名新村民找到了工作。和谐促进会还组织了“乡音讲师团”，聘请素质高、口才好的优秀外来务工人员开展“语言通俗易懂、群众喜闻乐见”的宣讲，实现外来人口自我教育。目前，慈溪市全市共有 372 名优秀外来务工人员加入“乡音讲师团”，使 10 余万新老村民受到教育。宗汉街道、龙山镇等地和谐促进会通过聘请具有广泛代表性且调解能力强的新村民为特聘人民调解员，参与调解新老村民间的各类矛盾纠纷，消除了新村民担心得不到公正处理的顾虑，把各类矛盾纠纷妥善有效地解决在初始阶段、解决在基层。

第四，弥补了政府有效管理的不足，推动了社会组织的发展。

基层组织通过和谐促进会这一社会组织，畅通了新老居民诉求表达渠道，挖掘了社会力量的参与，管理服务的方式更趋主动和直接，并促进了“熟人社会”的形成，增强了基层自我管理和服务的功能，为政府分担了部分管理压力。过去基层干部往往信息不灵，工作难以深入，现在全市有新老居民组成的 25000 余名和谐促进员、13000 余名片组长(外来人口占一半)和 3000 余家会员企业的志愿参与，信息渠道多了，人头熟了，话好说了，事好办了，使得不少群众的困难在第一时间得到解决，不少征地拆迁中的利益关系得到及时协调，不少私营企业主和一些热心于公益事业的社会贤达多了一个服务于社会的渠道。现在一些外来人口之间、外来人口与本地居民及本地居民之间的小纠纷都在“拍拍肩”“抽抽烟”中得到及时解决。

第五,构建了党员干部服务群众的有效平台,增强了基层党组织的凝聚力。

在协同治理中,村(社区)书记及班子成员通过兼任和谐促进会会长、工作委员会主任或片区长,领导协调这一完全不同于“两委”工作的新型民间组织,使村班子的组织领导能力和管理服务水平得到了锻炼和提高,同时也拉近了与新老居民间的距离,增加了彼此间的信任,得到了群众有力的支持,和谐促进会已成为村(社区)三套班子发动群众、依靠群众、服务群众的得力助手。

四、慈溪市和谐促进会的成功经验

一是利益协调。和谐促进会提供了一个外来流动人口和本地居民交流沟通、协调利益的良好平台,在方式上通过聘请具有广泛代表性的流动人口参与调解,消除了新村民担心得不到公正处理的顾虑。

二是认同建构。在和谐促进会这个平台上,外来务工人员既是经济建设者,也是文化传播者;既是平安建设者,也是社会工作者。他们对工作地有了归属感,可以尽情地施展才华,多层次需求得到了满足,从而成为促进社会和谐的重要力量。

三是协同管理。发挥社会组织的作用,是创新社会管理体制机制及应对社会发展趋势的需要。借助和谐促进会的力量,政府减轻了社会管理的部分压力。

四是自主治理。由于产业发展、人口流动频繁,外来人口规模扩张,社会本来的自然秩序遭到破坏,社会矛盾逐渐凸显,而社会管理不可急攻只能缓治,只有通过构建社会融合机制,发挥社会力量的自治作用,才能使社会要素中和、管理制衡。

从慈溪市的经验来看,推动流动人口自我管理、自主治理,比政府大包大揽更为有效。

慈溪市通过和谐促进会推动外来人口与本地居民社会融合的模式具有操作技术简单、运作成本低廉、组织管理方便等特点,具有易复制性和可推广性,且成效好。其他地区完全可以从自身实际情况出发推广这一社会组织形式,从而在形成社会认同和促进社会多元融合方面发挥积极作用。

参考文献

1.蔡旭昶，任泽涛，严国萍.社会组织在流动人口管理服务中的作用——基于浙江省慈溪市和谐促进会的研究[J].经济社会体制比较，2011(5)：199—205.

2.徐祖荣.社会管理创新范式：协同治理中的社会组织参与[J].中国井冈山干部学院学报，2011(3)：106—111.

附录

掌起镇陈家村和谐促进会“小墙热线”求助统计表

（此表经掌起镇政府综合治理办公室审核）

时　间	求助事由	求助数
2006年8月2日—2006年12月31日	劳资纠纷	16起
	工伤事故	6起
	矛盾化解	11起
	民工子女就学	4人
	找工作	673人
	计生问题	10起
2007年1月1日—2007年12月31日	打电话求助	4879件，解决4782件
	劳资纠纷	29起
	处理罢工事件	12起
	工伤事故	42起
	化解新老村民矛盾	37起
	民工子女就学	14人
	找工作	3613人
	计生问题	58起
	交通事故	9起
	妇女维权	38起

续表

时　间	求助事由	求助数
2008 年 1 月 1 日—2008 年 12 月 31 日	电话求助	3796 件,解决 3307 件
	劳资纠纷	10 起
	处理罢工事件	1 起
	工伤事故	15 起
	为新村民找工作	2971 人
	民工子女就学	21 人
	给新村民找出租房	211 间
	为房东收房租提供信息	12 次
	妇女维权	27 次
	计生问题	39 起
2009 年 1 月 1 日—2009 年 6 月 30 日	电话求助	1113 件,解决 848 件
	就业问题	813 件
	调解劳资纠纷	6 件
	工伤事故	7 件
	矛盾纠纷	6 件
	妇女维权	3 起
	计划生育	7 起
	民工子女就学	6 起
2009 年 7 月 1 日—2009 年 12 月 15 日	电话求助	413 件,解决 410 件
	就业问题	373 件
	调解劳资纠纷	6 件
	工伤事故	7 件
	矛盾纠纷	6 件
	妇女维权	3 起
	计划生育	8 起

日常琐事怎么办

1.刚到陈家村怎么办?

到外地人口服务管理办公室做好登记,领取临时居住证,女同志应该把您所在地出具的《流动人口婚育证明》在村外口办做好登记。有什么困难我们愿意帮助您!

2.如何适应当地风俗习惯和生活环境?

入乡随俗,这是千古不变的真理,因此我们每到一个地方,都必须做到:

(1)尊重当地人的民风习俗;

(2)与他们和谐相处、共谋发展;

(3)讲究卫生,爱护环境。不做离乱人,更不做离乱事。把好的习惯与之交流,共同取长补短。

3.用人单位拖欠您工资怎么办?

解决办法:在通过双方协商后不能解决的情况时,可以通过下列途径解决:

(1)向当地劳动保障监察机构投诉举报;

(2)向当地劳动争议仲裁委员会申请仲裁,要注意的是,时间是在劳动争议发生之日起60日内。

需要特别强调的是:在发生工资被拖欠时,请老乡们不要做一些过激行为,跳楼、堵路、暴力等都不是解决问题的办法。我们不要失去理智,请牢记:我们要用法律保护自己,维护自己的合法权益。

4.发生工伤如何申请认定?

职工发生事故伤害或者按照职业病防治法规被诊断、鉴定为职业病,所在单位应当自事故发生之日或者被诊断为职业病起30日内,向统筹地区劳动保障行政部门提出工伤认定申请。遇有特殊情况,经报劳动保障行政部门同意,申请时限可以适当延长。

5.工伤认定申请应该提供什么材料?

(1)工伤认定申请表;

(2)与用人单位存在劳动关系;

(3)医疗诊断证明或者职业病诊断证明书。

提示:如果你提供的材料不全,劳动保障行政部门会告知您应该提供的材料。请您不必担心。

6. 在商店买了假冒伪劣商品，店家不退怎么办？

解决办法：持购买发票到当地消费者协会去投诉（电话是“12315”）由他们帮助解决。如果解决不了，可根据《中华人民共和国消费者权益保障法》第49条的规定向法院起诉，要求店家退款，还可以向店家要求赔偿损失。

7. 遇到法律问题怎么办？

如果您的民事权益受到侵害，为了维护自己的合法权益，您可以拨打“12348”法律服务专线，或者亲自到慈溪市法律援助中心（慈溪司法局上房路63号）向工作人员当面咨询。

8. 机动车如何防盗？

白天，机动车尽量放到有人看管的场所，犯罪分子难以接近的地方和不利于犯罪分子作案的位置，既要不妨碍交通，又要在群众和自己的视线内；夜间，应该将车辆放到院内、家里，切忌乱放，不要随便借车给别人，以免出事后烦心。

杭州市映月社区“1211”服务管理模式解民需*

一、调研背景

拱墅区祥符街道映月社区位于杭城西北部，是一个由经济适用房、廉租房组成的新型居住小区，由水映苑、水月苑和水秀苑组成。社区现已入住户数3044户，入住人口6856人。

映月社区有“两多”。一是特殊群体多。社区目前已入住的3044户居民中，在册困难家庭有877户，其中残疾人员398人，占祥符街道残疾人总数的78%；有“双劳”经历的人员有302人，占祥符街道该类人员总数的81%；孤老人员27人。二是困难家庭儿童多。社区未成年人254名，其中困难家庭子女有174人，他们普遍性格孤僻、自卑感较强。如何提高社区管理能力和服务水平，服务好这些特殊人群，是摆在社区党委面前的一项紧迫任务。

二、映月社区“1211”服务管理模式概述

从2010年起，映月社区在街道党工委、办事处的领导下，深入开展创先争优活动，立足实际，以深化创先争优、积极构建和谐社区为目标，大胆实践，提出了“服务、人本、人文”的工作理念，重点针对社区残疾人员、有双劳经历人员、低保困难人员、青少年弱势群体这四类人员较多的情况，以资源整合为工作突破口，将点与点串联成线，形成了社区独有的“1211”（即一网两线一基地一港湾）服务管理模式。

1.“一网”增强联系

“一网”即“暖心工程服务网”，由“暖心巡逻队”“暖心服务队”“暖心结对卡”

---

* 本文由杨晟、尤熙俊、马骏超、汪丽妹合作完成。

“暖心联谊会”组成,为群众提供全方位服务。“暖心巡逻队”即小区治安巡逻队,由社区党员、居民组成,每晚七点至八点进行巡逻,维护小区治安。自巡逻队组建以来,小区内盗窃案件发生率明显下降,居民安全感明显增强。“暖心服务队”即社区志愿服务队,结合社区“网组片”工作,将辖区划分为3个大组,社区两委班子成员任组长,由社工、党员、居民、楼道组长和志愿者组成,在每一个楼道内张贴民情联系栏,公开本楼道党员、居民代表、楼道长身份和联系方式,方便有需要的居民群众随时求助。“暖心结对卡”即与困难家庭建立“一对一”结对服务关系,结合“网组片”工作和“党员奉献积分卡”,制作“暖心结对卡”,以社区党员作为主要服务力量,记录每个党员的日常联系、帮扶内容,并实行量化计分,作为评奖评优的重要依据。社区现已发放结对卡60张,受益居民135人次。“暖心联谊会”即与社区共建单位开展的联谊活动,通过主动“走出去”,邀请更多的共建单位参与联谊活动,募集社会资金帮扶困难群众。联谊会成立以来,已与拱墅区司法局、杭州日报报业集团、娃哈哈艺术团等多家单位建立了长期联系,并组织联谊活动4次,募集资金4万余元,为40多位困难人员解决了就业问题。

2.“两线”强化共建

“两线”是指社区两条党建共建工作机制。一是“和谐理事会自管线”,即“党群共建和谐理事会”,依托“楼幢党员亮身份”等活动载体,在楼道挂出“党员身份牌”,发动党员主动收集信息反馈民情民意,参与调解民事纠纷,带头促进邻里和睦关系。至今,“和谐理事会自管线”已成功调解各类纠纷40余起。二是“残疾人协会互助线”,即“残疾人互助协会”,不仅在协会内部建立低残人员服务高残人员的“互助线”,还发动社区党员积极参与,带头建立来自协会外部的“互助线”。“互助线”成员经常性地为残疾人提供上门送饭、理发、陪同就医、助浴、打扫卫生等服务。社区已有55名残疾人接受了142次服务。

3.“一基地”营建乐土

“一基地”即由社区年轻党员和浙江大学学生志愿者建立的“雏鹰周末基地”,为困难家庭子女营造丰富多彩的课外生活空间。社区从2010年挂牌建立了“雏鹰周末基地”，邀请了20位浙大学生分别以挂职志愿者和课外家教志愿者的身份帮助孩子：设立了“雏鹰周末聊吧”，由浙大学生志愿者与孩子聊天，缓解孩子们的心理压力；建立了“雏鹰课外讲堂”，志愿者利用空余时间，为孩子们免费辅导功课；建立了“雏鹰周末园地”，志愿者为社区孩子上兴趣班，例如剪纸课、心理讲座等，让孩子们的周末生活不再孤单。通过一对一的心理辅导，有的孩子从对游戏的沉迷中走了出来，重拾对生活的热爱与信心；通过课外讲堂，有的孩子学习成绩有了明显进步，家长、老师都感到欣慰。志愿者们还经常与社区的老人交流，一起活动，进行文艺表演，丰富了老人们的生活，让他们感受到了温暖。

4.“一港湾”专注幸福

“一港湾”是指城市移民幸福港湾。港湾里停泊了“红色争创号”“阳光庇护号”“心灵起航号”“计生预警号”“温情就业号”“和谐邻里号”这六艘船只。为什么要增加城市移民幸福港湾？因为都市水乡作为杭州市最大的经济适用房、廉租房集中小区，很多居民都是从老城区迁徙过来的，就像是行驶在海洋中的帆船，尽管出发地不同，但是都驶入了同一个港湾。他们远离了各自熟悉的环境，来到都市水乡，往往会感到难以适应，彼此之间也因为不熟悉，充满了警惕和冷漠的情绪，如何使这些城市移民在新的环境中工作得安心、生活得安心，是社区工作的重中之重。

“红色争创号”以社区党支部为“领头雁”，通过建立党员“亮身份、树形象”以及“六上门”的机制，深入开展党员创先争优活动。“阳光庇护号”依托都市水乡阳光庇护中心，为辖区内的残疾人员提供康复医疗等一系列服务。“心灵起航号”是拱墅区第一个以社区为单位建立的矫正工作站，工作站积极探索工作经验和方法，让矫正人员重新回归社会。“计生预警号”通过建立计生预警机制，将育龄妇女分为重点、需关注及普通人员进行红、黄、绿三级预警监控，打造计生管理的铜墙铁壁。“温情就业号”依托区劳动保障局设在社区的职业介绍所，为就业困难人员提供更广泛的就业渠道和就业途径。“和谐邻里号”通过多个文体特色团队的建立以及在重大节假日开展大型文体活动，邀请居民参加各种类型的活动，让居民通过活动，彼此之间相互熟悉，化解因为陌生带来的隔阂，构建“邻里一家亲”和谐氛围。

三、映月社区“1211”服务管理工作的主要成效

在各级领导的关心和支持下，映月社区在实践中不断完善“1211”服务管理

模式，探索出了一套以党组织为核心，以社区党员为骨干，以楼道组长、志愿者、居民群众以及辖区共建单位为重要主体，以居民群众互帮互助为切入口，全方位、全覆盖的社区管理新模式。社区也获得了“浙江省和谐示范社区”等多项省、市荣誉称号，如“2010 年浙江省老龄工作规范化社区”“2010 年杭州市卫生社区”“2010 年杭州市劳动和社会保障局站(室)维护稳定目标管理责任制考核先进单位”“2010 年拱墅区关心下一代工作先进集体”“2010 年拱墅区离休干部居家养老工作先进社区”等。

四、映月社区“1211”服务管理工作评价

根据我们的调研情况，映月社区在服务辖区居民方面的主要经验有以下两个方面。首先，充分结合小区实际情况，创新争先。映月社区创新推出“1211”服务管理模式，根据不同人群的需求，为其提供各种服务，从根本上保障了居民的权益，提高了居民的生活水平。其次，善于把握各方资源，实现互利互赢。如通过与浙江大学的合作，丰富辖区青少年的暑期活动，充实他们的精神文化生活，充分发挥青少年参与社区文化和精神文明建设的生力军作用，促进青少年文化素质的提高和社区的精神文明建设，努力构建富有社区特色、内容丰富、形式多样的社区青少年教育新格局。

当然，映月社区也有很多工作还需要改进，比如，由于一些活动(如辅导班等)举办不定期，家长参与度不高。社区可以充分收集居民的意见，对于那些成果显著、居民认可度较高活动，可以定期举办，使活动受益范围最大化；另外，由于特殊人群较多，一方面社区内的居民就业率不是很高，另一方面居委会推荐给下岗人员的工作上岗率较低，大部分居民对工作内容、收入等满意度较低，社区可以联系一些优质企业，争取为居民提供更好、更适合的岗位。

浙江农村养老服务社会化的新探索

——以新宅镇大莱村的居家养老服务为例*

一、调研背景

新宅镇位于浙江省金华市武义县南部山区，镇域总面积181.2平方千米(271800亩)，是武义县行政区域面积最大的镇。全镇总人口22007人，辖46个行政村，总耕地面积12907亩，人均0.58亩(全国人均耕地面积为1.4亩)，林地面积177571亩，2011年人均年收入5546元(2011年浙江省农村居民人均收入为13071元，全国农村居民人均收入6977元)，多数村落60岁以上老年人比例达到30%以上，在常住人口中，60岁以上的老年人比例甚至超过60%(在国际上，60岁以上的人口占总人口比例达到10%就已经算是老龄化社会)，80岁以上老年人在总人口比例中也超过10%。可以说，新宅镇是典型的山多田少、以农业为主、经济基础相对薄弱、老龄化及空巢化问题严重的山区镇。

近年来，各级政府相继出台了解决养老问题的诸多文件，如国务院《关于加快发展养老服务业的若干意见》(国发〔2013〕35号)、浙江省人民政府《关于深化完善社会养老服务体系建设的意见》(浙政发〔2011〕101号)、中共金华市委办公室、金华市人民政府办公室《关于深入推进农村(社区)居家养老服务照料中心建设的实施意见》(金政发〔2012〕47号)。目前，"政府倡导、村级主导、社会资助、统分结合"的新型农村居家养老模式正在金华市大范围推广。武义县新宅镇根据镇情特点，在贯彻上级文件主体精神的基础上，对居家养老制度做了许多适应村情的调整，形成了"大村统一布点、小村分享服务、日间统一照料、夜间

---

* 本文由孙钰钢、马稼、王思腾、杜晨东合作完成。

分散居住”的居家养老新宅模式。

自 2013 年新宅镇大莱、板坑两个村的居家养老照料服务中心投入运营后，2014 年 6 月中下旬，溪下村、金岩村、和阳坑村、新宅村、矿洪村、铁铺村、东巨村 7 个村的居家养老照料服务中心相继成立，下少妃村、后林畈村、安村、李村居家养老服务中心也将相继完工并投入使用。

二、大莱村居家养老服务概况

大莱村是新宅镇管辖的最大的一个村。大莱村村民以高山蔬菜及粮食种植为生，总人口 1633 人(660 户)，耕地 1109 亩，人均年收入 5499 元(略低于新宅镇人均年收入 5546 元)，青壮年大多外出打工，常住人口不及总人口的一半，60 岁以上的老年人 465 人，超过总人口的四分之一，80 岁以上的老年人 108 人，老龄化与空巢化问题十分严重。

大莱村在各方面情况都具有典型的新宅镇特点，并且作为第一批开发建设的居家养老实施村，其运作已经相对成熟稳定，可以代表新宅镇一般行政村居家养老充分发展后的情况，因此研究居家养老的新宅模式可从大莱村入手。

2014 年 11 月 29 日，我们小组奔赴金华武义新宅镇大莱村，通过对村民(尤其是老人)的走访、对村委会工作人员的问询、对各种基础设施的实地考察，小组成员对大莱村的居家养老模式有了全面的认识和了解。

(一)初期运作

1. 选址与建设

在县、镇民政局的大力支持下，经村“两委”(村共产党支部委员会和村民自治委员会)和老年协会共同努力，大莱村于 2013 年 10 月投资 10.5 万余元，在原村小学新办建筑面积 500 多平方米，活动面积近 800 平方米，设有老年食堂、日托部、洗衣房、图书室、医务室、文体活动室等功能的村养老服务照料中心。

2. 启动资金来源

县、镇两级共提供财政支持 18.5 万元，一位 50 岁的村民自发筹款 1.3 万元，某两位领导资助 4000 元，某知名保险公司资助1 万元，某供销公司资助 1 万元，总计 22.2 万元。

(二)日常运作

大莱村现登记在册的养老中心服务对象有 35 名。在费用方面，80 岁以上的老人一日三餐伙食费最初为每人每月 200 元(武义县的统一标准)，后下调至 150 元，差额部分由村委承担(单人单餐费用为 5 元)。该村养老服务中心食堂配厨师一名，厨师的竞选方式如下：给定一个基准价即 2000 元/月，符合资质的竞标人员给出一个价格，要价低者被聘用，最终中标厨师的月薪为 1500 元，除准备一日三餐之外，其余的时间都是自由支配的。

食堂墙上贴有每周菜单，早餐每天不同，有粥、馒头、包子、鸡蛋、拉面、饺子、馄饨等；中晚餐中，周三、周五以及周六中午供应荤菜，其他时间则是两个素菜加米饭或者馄饨。食堂有针对餐饮管理服务人员以及就餐者的制度安排。

（三）总体布局

中心设有活动室、电视室、棋牌室、洗衣房、日托休息室、乒乓球室、阅览室、绿化健身区。

中心共有两层楼：一楼是柴房、厨房、休息室、仓库、餐厅、洗衣房、电视室、活动室、棋牌室；二楼是阅览室、日托休息室、会议室、乒乓球室。中心外面则是洗手间、配电室、绿化区、健身器材区，不远处即是医院。

（四）组织管理机构及工作人员设置

大莱村的居家养老中心由村支书兼任“两委”联系领导，设有照料中心主任，负责安全工作领导小组；“两委”联系领导分管一名医师、一名厨师和三名服务人员，基本能满足 35 位老人的需求。

新宅镇总体的居家养老模式与大莱村基本一致。在选址和建设方面，遵循“就近、便利、安全、放心”的原则，通常在老年活动中心、闲置校舍、闲置办公用房等建筑基础上进行改（扩）建，一般为 2～3 层的低层独立建筑，有独立出入口；建有能容纳 20 名以上老人就餐的便民食堂、洗衣房、活动室、日托休息室，往往临近社区服务医院。在启动资金方面，通常由财政拨款、村民自筹、公司捐款等方式联合筹集；往往是“两委”主导，财政支付主要资金，剩下 10%～20%的资金由进城发展人员、商业公司资助筹集。所需资金视实际情况而定（原场所需改建扩建规模等），10 万～20 万元不等。其中物品购置费 3 万～6 万元，装修费用与基建费用则相对灵活。在日常生活费用方面，每位老人一日三餐一个月在 150 元以内，具体费用视村情而定，经济发达村可以实现 80 岁以上无偿服务、60 岁以上 80 岁以下低偿服务（50 元每月），经济落后村则为 150 元每月。通常按年龄实行阶梯式收费，分为 80 岁以上、70～80 岁、60～70 岁三个年龄层级。食堂工作人员买菜、做饭竞价上岗，月薪一般为 1500～2000 元。在组织管理机构方面也与大莱村基本一致，其中服务人员的人数会根据各村养老服务照料中心服务对象的多少来确定，但大多为 2～3 人。

三、大莱村居家养老服务的主要成效

（一）与农村传统供养模式相适应

“家”文化在中国传统社会中占有核心地位，而农村地区受传统观念影响较深，老人们对自己的故土依恋很深，通常不愿离开自己久居的环境，儿女如果直接把年长的父母送进养老院有违农村儿女应使父母享“天伦之乐”的孝道，因此，居家养老作为一种折中之选，既与农村传统的供养模式相适应，减轻了一部分子女照顾老人的顾虑和压力，又可在一定成本范围内更好、更贴心地照顾老人。居家养老并没有使农村老年人脱离其所熟悉的生活环境，而且村中的老人们也大多相互熟悉，提供一个固定的场所可以使他们经常接触、相互倾诉，有利于排解他们的孤独情绪，也有利于邻里关系的和睦团结。

（二）实现农村养老服务社会化的过渡

居家养老是实现农村养老服务社会化的过渡环节，其意义主要表现在两个方面：一是缓解了在经济不够发达和经济发展不平衡条件下国家财力不足的压力，有利于促进发展基金的积累，为最终实现社会养老奠定坚实的物质基础；二是可培养农村居民开展和利用社会化服务的意识，实践养老社会化运作的机制，积累社会养老的经验。① 农村居家养老开启了家庭供养和社会供养相结合的模式，与中国现阶段国情相适应，有效避免了农村老龄化问题的尖锐化，并且部分居家养老服务中心与医疗站点的联系，也在一定程度上提高了老人们对疾病的预见性，从而降低了医疗成本。

四、大莱村居家养老服务存在的问题与解决对策

（一）存在的问题

1.服务人员断层

村庄内青壮年大多外出务工，留守的基本上是50岁以上的老人，现在从事养老服务的工作人员也多为50～60岁的老年人。随着时间的流逝，当工作人员也同样老去，又有谁来从事养老服务工作呢？

2.资金短缺

很多村的养老资金都是来自上级补贴与本村成功人士的回馈资助，但是政

① 赵立新.社区服务型居家养老：当前我国农村养老的理性选择[J].广西社会科学，2006(12)：139-143.

策期过后财政拨款必然会减小力度，资助也不可能无限制地进行，如何保障长期资金的筹集与运作是一个值得思考的关键性问题。

3.配套设施不健全

村内相关的医疗保障、安全保障设施相对简陋，甚至根本没有，仍需要进一步建设；精神文明建设方面也有很大缺口。

（二）解决对策

首先，要动员各方力量，着手建立一支专业人员与义工队伍相结合的养老服务队伍。一方面，要完善和强化老年协会的功能，注重发挥老年人自己的力量，要让以农村老年人协会为代表的群众性组织成为农村养老服务的主力军；要充分挖掘老年人自身的各种资源，特别是要在低龄健康老人中试点推广“时间储蓄”，由老年人自己管理自己、服务自己。另一方面，要注重发挥青年志愿者队伍的力量，使青年志愿者服务制度化，在社区广泛建立社区服务义工队伍，完善义工制度。同时，要加强对社会下岗工人和闲散人员特别是“4050”人员（“4050”人员是指处于劳动年龄段中女性40岁以上、男性50岁以上的，本人就业愿望迫切但因自身就业条件较差、技能单一等原因，难以在劳动力市场竞争就业的劳动者）的引导，让他们积极参与到养老工作中来，并对他们进行必要的知识和技能培训。对通过资格认证的人员，可以政府补助或购买服务的形式把他们安排到养老服务岗位，从而把充实养老工作队伍和解决就业困难人员特别是下岗失业者的就业问题很好地结合起来。

其次，大莱村可以考虑设置自营田、老年人生产合作社等，实现部分资金的自给。

最后，作为一项具有前瞻性的工作，农村社会对居家养老服务重要性、必要性和紧迫性的认识还需要一个过程。应逐渐把农村居家养老服务的对象从农村五保和城镇“三无”人员等重点困难人群扩大到全社会有需求的老年人，把服务内容从单纯的解决“温饱”问题扩大到“生活照料、康复医疗、文化娱乐、法律咨询、精神慰藉、临终关怀”等领域。

四、农村居家养老服务评价

社会建设是建设中国特色社会主义总布局的重要组成部分。社会和谐是中国特色社会主义的本质属性，是国家富强、民族振兴、人民幸福的重要保证。建设社会主义和谐社会，是中国特色社会主义的重大战略任务，体现了全党全国各族人民的共同愿望，对于推进党和人民的事业发展、保证党和国家的长治久安具有十分重要的意义。

我们所描绘和追求的社会主义和谐社会，是民主法治、公平正义、诚信友爱、充满活力、安定有序、人与自然和谐相处的社会。其中的诚信友爱和安定有序是指全体人民融洽相处，社会保持安定团结的和谐状态，这就对保障和改善民生提出了要求。而养老问题又是民生问题的重要组成部分。因此，养老问题的解决对建设中国特色社会主义具有十分重要的意义。

党的十八大提出了要“坚持社会统筹和个人账户相结合的基本养老保险制度，整合城乡居民养老保险制度”等养老政策，党的十八届四中全会也强调“依法治国不只是司法保障层面，人民群众生活生产的方方面面都需要通过法律‘落地’，照耀公平正义之光——教育、住房、养老等社会领域的权利获得更充分保护”，但由于二元经济体制的存在，我国城乡老年人在享受社会福利方面存在很大的差异，农村的社会保障制度较城市落后，社会保障覆盖面狭窄，我国广大农村地区的养老问题十分严峻。

居家养老服务是目前农村养老的一个现实选择。居家养老是家庭养老和社会养老优势的互补和结合，既能克服家庭养老过分依赖子女、社会养老保障面狭窄、养老床位不足、养老费用过高、养老质量难以保障等弊端，又可以动员社会力量参与居家养老，有效节约社会资源，降低养老成本。

我国人口老龄化的一个显著特点是城乡倒置，农村经济发展水平较城市落后，但老龄化程度却比城市严重。发展农村居家养老服务，是应对我国农村人口老龄化的现实选择，是建立健全社会养老保障体系的必要补充，也是加强社会主义精神文明建设的现实需要。发展农村居家养老服务是一项复杂的系统工程，并非一朝一夕的事业，不能一蹴而就。我国农村居家养老服务的发展虽然有一定的城市实践经验可供借鉴和参考，但城乡在经济发展、社会保障制度、文化程度总体水平等方面存在很大的差异，照抄照搬城市模式并不可行。因此，我们必须在探索中前进，随时总结经验和教训，用创新的思路发展农村居家养老服务。发展农村居家养老要坚持原则，构建居家养老服务支持体系，建立评估机制，建立专业化服务队伍，完善和建立相关配套制度。

虽然金华市武义县只是浙江省的一个小地方，养老只是民生问题的一个小侧面，民生问题只是社会主义和谐社会的一个小侧面，社会主义和谐社会也只是中国特色社会主义的一个小侧面，但武义县的特色居家养老模式却能真实地反映出中国特色社会主义在浙江的具体情况。中国特色社会主义绝不只是一句口号，而是确确实实存在于我们每个人生活中的，是对我们每个人心中的一切和谐的、美好的、进步的事物的概括。

杭州市华丰社区养老服务项目调查*

一、调研背景

根据2010年第六次全国人口普查结果，杭州市的常住人口为870.04万人，全市常住人口中，60周岁及以上人口为116.58万人，占13.40%；而杭州市老龄工作委员会办公室的数据显示，按户籍人口统计，2013年年底，全市60岁以上老年人口为134.88万人，占总人口数的19.10%，可以看出，3年时间老龄化率增长迅速，老龄化问题日益突出。为了解决日益严峻的养老问题，杭州市积极探索各种形式的养老模式，居家养老服务应运而生。

所谓居家养老，是指以家庭为核心，以社区(村)为依托，由公益性组织或中介服务机构向居家老年人提供以生活照料、家政维修、医疗保健、精神慰藉、安全防护、文化体育等为主要内容的社会化养老服务形式。主要由依法登记注册的从事居家养老服务的各类机构派出专职或兼职从事居家养老服务的助老员为老人提供必要服务。它的服务对象有两类：一是政府购买服务对象(户籍在杭州的生活不能自理的独居、孤寡、高龄、贫困老人)；二是自费购买服务对象(除政府购买服务对象以外的有需求的老人)。

居家养老服务比较符合中国的实际情况，根据杭州市老龄工作委员会办公室的调查，大部分老人的意愿也是居家养老，究其原因有以下三点：一是觉得目前生活很舒适，或不愿意离开熟悉的环境，或是其子女及第三代还需要照顾；二是不喜欢养老机构的集体生活方式，选择在家休养，但同时又需要社区的养老服务；三是有入住养老机构的意愿，但其中真正需要进入养老机构的却很少。

---

* 本文由常汉、高含之、王嘉昕、李冬冬、管晓慧合作完成。

二、华丰社区的养老服务模式

华丰社区是杭州市拱墅区和睦街道下辖的一个社区，2001 年 4 月成立，东依小河，西至李家桥河和莫干山路，南沿登云路，北靠华丰纸业有限公司，总面积约 0.36 平方千米，共有常住户 1857 户，常住居民 3665 人，其中老年人 854 人，占总人口的 25.38%，80 岁以上的老人有 203 人，90 岁以上的 24 人，100 岁以上的 1 人。

根据杭州市下发的各项养老文件以及出台的养老服务政策，华丰社区结合原有的养老院、老年食堂等基础设施，2012 年投入 100 多万元，建成面积 580 平方米的"巧媳妇"居家养老服务照料中心。中心为辖区内有需求的老人提供一站式居家养老服务，内设"巧媳妇"七彩居日托室 7 间，共 30 张床位。中心结合绿色餐厅、缝纫坊、洗衣房、理发轩、娱乐室等系列服务实体为老人开展各项服务，并设有非遗展厅、精神氧吧、健康小屋、心灵驿站等文化娱乐场所，使中心充满浓郁的文化气息。华丰社区以"相携人生路，共度夕阳红"为口号，把"巧媳妇"居家养老服务照料中心打造成满足老年人用餐、午休、康复、文化、娱乐、法律维权及其他综合需求的服务场所。中心提供的常规服务和特殊服务有营养午餐、水果拼盘、茶水、免费理发、修指甲、精神慰藉等。中心成立以来，主要做了以下几方面的工作。

2013 年 3 月，社区通过向辖区 251 名老人发放日间照料需求表，并组织召开议事协商、老居委会干部、老党员和支部书记会议，对中心开放的时间、服务项目、服务内容和服务自理费用的论证，初步确定中心入住自理费用以每人每天 15 元为标准，免费提供中餐并逐步向社区老人提供上门服务、站点式服务、互助式服务，使社区老人享受全方位的服务。

2013 年 5—9 月，中心向重点助老服务对象以及劳动模范中的高龄、独居、空巢老人共 239 人提供亲情体验服务。

2013 年 10 月，中心向社区 60 岁以上子女不在身边的老人开放，提供定期的日间照料和临时照料。

2014 年 1 月，中心根据老年居民的需求，对生活半不能自理的老人子女，给予长期照顾老人的家庭提供喘息服务。

除了居家养老服务中心以外，华丰社区还设有专门的助老助残服务站，主要为独居、孤寡、高龄等特殊情况的老人提供免费服务。通过组织工作人员与老人结对的形式，更好地为老人服务，而工作站的工作人员都是"4050"下岗人员及身体有一定残疾的人，中心的成立也解决了他们的就业问题。

总体而言，华丰社区的养老服务模式是以养老院、老年食堂、居家养老服务中心、助老助残工作站等机构为依托，共同为老人提供服务的。截至我们调查时，辖区内大约有四分之一的老人享受到了居家养老服务。而华丰社区的养老模式是以养老院养老为主、居家养老为辅，并且还有助老助残工作站为独居、孤寡、高龄老人提供免费服务，居家养老服务在实行一年多的时间里，举办了很多次服务活动，也取得了一定的成效。

三、华丰社区养老服务存在的问题

由于华丰社区是个老小区，在原有设施及政策服务已经很健全的情况下，居家养老服务的推行过程较为艰难，距离政府工作报告中提出的大力推行居家养老、2015 年达到“9073”(90％的老人依靠居家养老，7％的老人依靠社区养老，3％的老人依靠机构养老)的目标还有不小差距。我们小组经过讨论后认为有以下几个方面的原因。

其一，居家养老服务政策实行时间短，没有充分宣传到位，导致社区居民对这一政策没有较多的了解。

其二，养老院等机构的养老制度实行多年，制度成熟、管理完善、服务到位，深得社区老人信任。

其三，商业服务诸如请月嫂、钟点工等服务与居家养老服务内容大致相同，从生态学角度看，两者“生态位”重叠严重，竞争较为激烈，不利于政策实施。

其四，在与工作人员的对话中，我们推测，居家养老服务政策可能存在流于形式的问题。

其五，社区原有养老制度如养老院、助老服务站、老年食堂等与居家养老服务契合度不够，政策与社区实际不太相符，导致实施遇阻。

与此同时，助老助残工作站有专人和老人结对，免费帮扶独居、孤寡、高龄老人，而居家养老服务的政策文件里也明确指出独居、孤寡、高龄老人可以免费获取居家养老服务，政府财政补贴相应费用，两者存在重合的工作。起初，我们小组认为这样可能造成资源浪费以及非法谋私，但经过充分讨论后我们认为，助老助残工作站政策的实施主要是为了给“4050”下岗人员提供工作岗位，助老助残是这些人的工作，因此对这一改革应给予肯定。

总体而言，基于养老院为主、居家养老为辅、助老助残服务站服务模式的华丰社区养老服务体系算是比较健全的，给老人提供的服务也很到位。

四、推行居家养老服务过程中注意把握的几项原则

老有所养、老有所依是每个人对自己老年生活的期盼，而我国人口老龄化问题越来越严重，针对养老问题，各地各社区应该探索符合本地本社区实情的养老模式，切实为老人服务。同时，由于居家养老服务模式是经过多方论证的符合中国实际的养老新模式，可以大力推行，并宣传其特色，建设好服务中心，给老人提供周到的服务。

鉴于助老助残服务工作站与居家养老服务中心工作部分重叠，政府应当落实工作规划，确定工作责任范围，避免出现重复财政拨款导致的腐败问题，同时应当对这样的敬老助老服务机构进行一定的监督与管理，加大考核力度，保证服务质量。

居家养老服务的首要目的就是满足老年人在物质生活方面、精神文化方面的、情感和心理慰藉方面的需求，它是符合中国未富先老实际情况、符合中国传统伦理观念的养老服务新模式。发展居家养老服务，必须坚持以下几项原则：一是坚持以人为本，从老年人实际需求出发，为老年人提供方便、快捷、高质量、人性化的服务。二是坚持以社区为依托，在社区层面普遍建立居家养老服务机构、场所和服务队伍，整合社会资源，调动各方面的积极性，共同营造老年人居家养老服务的社会环境。三是坚持因地制宜，紧密结合当地实际，与本地经济社会发展水平相适应，与社区人文环境和老年人的需求相适应，循序渐进，稳步推开。四是坚持社会化养老，采取多种养老形式，充分调动社会各方面力量提供居家养老服务。为避免政策流于形式，应该加强对这些政策实施的监督，如组织监督委员会对政策实施过程进行监督，建立居家养老服务网站、老年人信息数据库等，为老人提供便捷、贴心的服务。

杭城绿色交通变革

——“微公交”开启“共享汽车”模式*

一、调研背景

杭州的中心城区功能集中，交通出行的向心性特征十分明显，加之杭州为典型的旅游城市，车流和客流密度一直较高。截至 2014 年 2 月底，杭州市机动车保有量已经达到 259.8 万辆，平均千人保有量居全国首位。因此，杭州同时面临堵车、汽车尾气造成的大气污染、“停车难”三大难题。我们认为，仅限牌购车、限行已经无法从长远角度解决杭州市交通问题，本调查目的是促使公共交通、绿色交通的理念深入人心。

针对存在的问题，杭州市此前已进行过一定的整改，并在道路网络建设及配套交通设计方面取得了一定成就——“五位一体”的“大公交”体系已经基本成型：城市轨道交通不断发展；公共汽(电)车稳步发展；水上巴士逐步完善；公共自行车快速推广；商业出租车有序发展。

尽管“五位一体”大公交系统现已粗具规模，然而仍然无法完全解决地面交通的拥堵和环境污染问题。

2013 年 7 月，吉利控股集团与康迪科技集团联合在国内首创“微公交”。2014 年 3 月，杭州市政府出台“限牌”“限购”政策之后，“微公交”开始迅速走红。在此基础上，我们小组对这一现象进行了较为深入的调研。

---

* 本文由龚涵雨、施凯辉、曹哲、刘甫晟、刘耕铭、柳松延、褚佳晨、沈辛夷、胡锦涛、郑丹萍合作完成。

二、杭州市"微公交"发展现状

"微公交"的核心是分时租赁。市民只需带上身份证、驾驶证、信用卡就可以前往租赁点租车，押金 1000 元，无须支付除租金以外的任何车辆费用；共有两款车型，2 座的 20 元/小时，4 座的 25 元/小时；并有月租、年租模式。杭州市内每一处"微公交"站点都提供充电服务，完全充电耗时 6～8 小时。每次充满电后，汽车的续航能力为 60～80 千米，最高时速可达 80 千米/小时。其行驶能力基本能够满足市内交通需求。

截至 2015 年 3 月中旬，杭州已投放"微公交"9851 辆，已初步形成平面、立体与酒店站点三维结合的租车网络。

(一)"微公交"的传播效果

我们就杭州市民对"微公交"的了解与意愿进行了问卷调查，回收有效问卷 233 份。调查发现，在填写问卷之前，有六成左右的人知道"微公交"，但仍有四成的人此前并没有听说过。不同年龄层次的受调查者对"微公交"的了解情况也有不同。

(二)"微公交"的使用人群

1. 地区分布

调查发现，市区能看到的"微公交"多分布在紫金港周边，而在转塘一带分布较少。由此可以推断，"微公交"的租用情况与站点所在地的经济发展水平是密切相关的：城乡接合处的经济发展水平与市区差距较大，人们负担私家车养车费用的能力有限；市郊一带道路设施不完善，以小路居多，只有主干道比较宽阔，"微公交"的迷你优势更明显；充电站点密集程度与"微公交"分布密度存在正关联。

2. 年龄分布

租车人群大多为 20～40 岁有驾照的人群，包括公司白领、市内旅游者、高校学生等。其中，大学生群体对"微公交"的了解程度低于已经有稳定工作的中青年人群(36 岁以上)。这可能是因为学生群体校外自驾活动较少，而工作人群每天的活动范围广，与社会接触多。

3. 使用意愿

70％的受调查者表示如果条件允许，会考虑选择使用"微公交"，而"微公交"最吸引人的一个优点是"出行方便"，具体体现在交通方面就是"出行效率高"，其次是"节能环保""新鲜好玩""小巧灵活"和"节省开支"。

不愿意使用“微公交”的受调查者表示其主要困扰是“微公交”站点不够多，也有其他原因，但不同身份与生活环境的人理由各异，如大学生会认为“微公交”车型太局促。

(三)美国 Zipcar 与“微公交”模式比较

在本次调研中，我们有幸采访了浙江大学建筑工程学院的陈喜群老师。他主要对比了杭州“微公交”与美国 Zipcar——一家以汽车共享(car-sharing)为理念的技术创新公司，依托网络对公众开放汽车租赁服务。具体比较见表 1。

表 1 美国 Zipcar 和杭州“微公交”的比较

	美国 Zipcar	杭州“微公交”
车型	丰富，各种私家车	固定，小，操作体验差
动力	油电混合	纯电动
服务方式	互联网依托，全天候	人工服务

三、杭州市“微公交”发展的优势、困境与建议

(一)杭州市“微公交”发展优势

1. 高效低价

效率高具体表现在两方面：行驶方面，由于车身轻便小巧，转弯掉头比较灵活，且没有限行、限号的困扰；停车方面，有专属站点，且占用空间小。

“微公交”的年均消费为 1 万元，而有关调查显示，杭州市民年均养车费用为 22375 元。

2. 节能环保

与内燃机汽车相比，纯电动汽车可以降低 99% 的一氧化碳排放量，并且可以降低 55% 的氮氧化物排放污染。同时，旧式机动车的购买需求量也会因“微公交”的使用而下降，需求上的变动可以刺激汽车制造商加快自身转型升级，这就形成了一个良性循环。

3. 价值创新

“微公交”弥补了公交车效率低、自行车服务距离短、出租车安全保障低与成本高等不足。同时，租赁者可以根据自身的需求选择合适的车型，最大限度地利用座位空间；短时租赁则从时间上提高了车辆的综合利用率。

4. 强有力的政府支持与技术保障

如果按照正常的审批程序，“微公交”站点的审批手续将十分烦琐，其顺利

扩张离不开政府支持，而包括杭州、北京在内的13个节能与新能源汽车示范推广试点城市享有中央财政的补助。

(二)杭州市“微公交”发展困境及建议

1. 城市土地规划与站点分布存在矛盾，应合理规划用地

在我国的城市化进程中，土地规划滞后于城市发展，导致城市在解决车辆问题的同时面临着土地问题的掣肘。而随着“微公交”模式的进一步推广，站点会越来越多，这就要求政府合理规划用地，尤其是闲置、废弃用地的利用。

2. 技术发展不完善，需提升“微公交”本身质量，完善相应的公共设施服务

调查中许多使用者反映“微公交”的驾驶体验并不好。此外，“微公交”存在充电时间长、续航时间短的问题，无法满足用户的快速流转和堵车时的续航需求。

3. 民众观念转换难，应让汽车回归代步工具本源

在传统观念中，汽车同时代表着身份、财富与社会地位，这种心态如果不转换，很难将“微公交”的作用真正发挥出来。

4. 租赁手续烦琐，应积极推进租赁自动化、智能化

人工租赁服务手续烦琐，未来可将租车服务、租赁点信息更新与互联网、智能手机APP结合。如果汽车有违章现象，运营公司与政府监管部门也可依据网上记录予以一定的处罚。

5. 建立更完善的商业模式

目前，杭州“微公交”还处于政府补贴阶段，盈利的动力也较小。而相比较，美国Zipcar的市场运营更成熟，其租车的价格会根据租赁地点的热度而调整，即通过价格来调节供求关系。杭州“微公交”需要建设一套更有效的商业模式，汲取国外成功经验，深化政府与市场的合作。

6. 诚信机制建设

目前，对于车辆的损害、碰擦问题，杭州“微公交”还没有建立完善的应对机制，应建立完善的“微公交”租赁信用体系，取代目前的押金制度。

四、结语

“微公交”属于一种汽车共享的公共交通模式，其最大作用是让汽车回归到交通工具的定位上来，解决人们的出行需要，化解城市道路拥堵问题。“微公交”所代表的模式建立在社会诚信、互信、互助的基础之上，有利于促进人与人的和谐相处，增强社会凝聚力。而“共享”的概念与中国特色社会主义的发展精

神——在资源利用最大化、减少浪费的同时创造经济收入高度契合。“微公交”既环保，又能促进新能源产业的可持续发展。

“优先发展城市公共交通”在2012年就已经被提升至国家战略高度。优先发展公共交通是解决城市交通问题的唯一可持续的办法，因此必须以创新的眼光寻找突破口，形成长效的工作机制，采取针对性的改革措施，使公共交通优先发展这一国家战略落到实处。

“微公交”这一出行方式具有非常广阔的前景，并且正在以纵向深入(从社会走进校园，如浙大学生研发的校园“微公交”)与横向发展(推广至全国)两个维度迅速发展。这将为浙江省乃至全国建设资源节约型、环境友好型社会做出极大的贡献，同时加快中国汽车产业的转型升级。

城市化进程中失地农民再就业问题的破解路径

——杭州市西湖区蒋村街道的探索*

一、调研背景

随着城市化的推进，大量农业用地转化为非农业用地，大批农业人口转化为非农业人口。《2012中国新型城市化报告》指出，2011年中国城市化率首次突破50%，意味着中国城镇人口首次超过农村人口，中国城市化进入关键发展阶段。① 在这一历史的巨变中，失地农民的再就业成为一个不得不面对和解决的问题。党的十八大报告强调了解决就业问题的重要性，并提出与就业相关的一系列政策要求，指出要“推动实现更高质量的就业。就业是民生之本。要贯彻劳动者自主就业、市场调节就业、政府促进就业和鼓励创业的方针，实施就业优先战略和更加积极的就业政策”②。

蒋村街道位于浙江省杭州市区西面，东临文新街道，南接留下街道，西靠余杭区五常街道，北隔古运河与三墩镇相望，属杭州市西湖区辖地。1984年由蒋村公社改制为蒋村乡；1992年撤乡设镇，隶属当时的余杭县(现为余杭区)；1996年划为杭州市西湖区所辖，并改回蒋村乡建制；1998年划出文新街道，由西湖区管辖；2007年蒋村乡撤乡建街，成立西湖区蒋村街道。改革开放后蒋村街道的建制演变历程，充分体现了其城市化的进程。但失地农民作为一个特殊群体，有其特殊性。这部分人群年龄相对较大，文化水平低，再就业竞争力低，尽管他

---

* 本文由马路瑶、何玎汀、黄泱、王天慧、魏逸琦合作完成。

① 牛文元，刘怡君.2012中国新型城市化报告[M].北京：科学出版社，2012.

② 胡锦涛.坚定不移沿着中国特色社会主义道路前进　为全面建成小康社会而奋斗[N].人民日报，2012-11-09.

们在身份上完成了从农民到市民的转变，但在观念上、行为上仍保留有传统农民的习惯。

我们小组以蒋村街道为例，结合蒋村多年来发展的实际情况，对城市化进程中失地农民的就业问题进行了专题调研。

二、蒋村街道破解失地农民再就业问题的主要措施

(一)提升街道和社区就业工作人员的业务水平

蒋村街道注重对街道和社区就业工作人员的培训和指导检查，提升其在就业指导方面的服务水平。

2013 年 10 月 14 日下午，蒋村街道和辖区内各社区就业工作人员参加了杭州市积极就业政策业务培训。培训内容涉及杭州市积极就业相关政策、小额担保贷款和公益性岗位最新政策以及小额担保贷款和促就业专项资金申请相关系统操作实务。其间，杭州市就业管理服务局的领导和业务骨干还对各个就业工作人员提出的问题做了解答。这次培训内容丰富，街道和各社区就业工作人员在巩固业务知识和政策的同时，对最新的政策进行了学习，对平时工作中容易出现的问题加深了印象，避免以后出现类似的问题，为今后就业指导工作的开展起到了积极的作用。①

蒋村街道和辖区内各社区就业工作人员通过参加此类积极就业政策业务培训等相关培训，加深了对国家和当地政府的就业政策的理解，提高了就业指导工作技能，为更好地解决辖区内失业人员的就业问题打下了坚实的基础。

除此之外，蒋村街道作为西湖区人民政府的派出机关，注重对辖区内各社区就业工作人员的检查与监督，以督促他们更好地为失业人员进行就业指导。

为积极践行党的群众路线，更好地为辖区失业人员和就业困难人员提供就业援助和服务，2014 年 4 月 23—24 日，蒋村街道人力资源和社会保障站(以下简称“人力社保站”)组织开展了社区就业工作指导和检查。街道人力社保站的就业工作人员通过深入社区，对社区人力社保室工作人员和就业援助员进行一对一的业务指导，回答社区就业工作中出现的疑难问题，并对社区灵活就业管理、公益性岗位管理和充分就业社区创建等工作进行了检查，逐一指出了各社区在工作中存在的问题，同时要求各社区予以解决。

---

① 邹嘉佳.蒋村街道和各社区就业工作人员参加杭州市积极就业政策业务培训[EB/OL].(2013-10-15)[2015-05-30].http://iptvlm.zjol.com.cn/o5iptvlm/jiangcun/.

人力社保站通过这次指导和检查，对社区就业工作人员进行了一次一对一的指导，进一步掌握了社区就业工作开展的情况。社区也通过这次指导和检查，对工作中存在的问题进行整改，进一步加强工作中的薄弱环节，为辖区失业人员和就业困难人员更好地提供就业服务。①

(二)加强辖区内企业人力资源信息的共建

解决辖区内失业人员的就业问题，离不开辖区内用人单位的支持与配合。因此，加强辖区内企业人力资源信息的共建，成为解决就业问题的重要抓手。

蒋村街道重视辖区失业人员再就业工作，积极联系辖区企业，挖掘就业岗位；积极推荐辖区失业人员和就业困难人员再就业。

2013 年 9 月 23 日上午，在蒋村街道行政服务中心三楼会议室召开了蒋村街道辖区企业人力资源信息共建会议。街道人力社保站沈站长、就业工作人员、劳动监察员、辖区部分企业劳资干部和招聘专员参加了会议。会议大力宣传杭州市人力资源信息网的作用和意义。为更加有效地进行劳动用工信息的共享和发布以推荐劳动者就业，街道人力社保站与参会企业签订了人力资源信息共建协议，共同促进辖区失业人员和就业困难人员再就业，营造蒋村街道辖区良好的就业氛围。②

街道与辖区内企业协力推进，让这些用人单位更好地了解了辖区内失业人员的基本情况，并从中挑选出符合企业发展需要的劳动者，从而解决了一部分失业人员的就业问题。

(三)向辖区内失业人员发布就业信息

2013 年 7 月 21 日，杭州城西银泰城专场招聘会在丰登街阮家桥老年活动中心举行。

这场招聘会聚集了杭州银泰城、孩子王儿童用品门店、歌莉娅女装、例外服饰等 30 多家招聘单位，提供门店店长、营业员、前台、客服、收银、保安、保洁、厨师等约 70 个工种，薪资福利标准基本在 2100～2700 元，部分岗位的福利待遇相对较好。

蒋村街道各社区早早地就将招聘宣传海报贴上了社区宣传栏，同时通过电

---

① 邹嘉佳. 蒋村街道积极开展社区就业工作指导和检查[EB/OL]. (2014-04-25)[2015-05-30]. http://iptvlm.zjol.com.cn/o5iptvlm/jiangcun/.

② 邹嘉佳. 蒋村街道人社站加强与辖区企业人力资源信息共建[EB/OL]. (2013-09-24)[2015-05-30]. http://iptvlm.zjol.com.cn/o5iptvlm/jiangcun/.

话逐个通知各社区的失业人员前去应聘，希望借此解决一部分失业人员的再就业问题。①

针对辖区内失业人员文化水平普遍较低，从电脑、手机等渠道获得就业信息不方便的现状，蒋村街道各个社区普遍通过在宣传栏中张贴招聘海报、电话通知等方式，将就业信息以最合适的方式告知失业人员，为失业人员就业构筑了一道桥梁。

(四)对辖区内失业人员进行摸底调查并进行职业技能培训

仕林社区劳动年龄段内居民共有1728人，灵活就业323人，实际失业16人。为了深入了解失业人员和就业困难人员就业观念的技能培训意向，进一步做好就业指导的服务工作，2014年4月，社区人力资源工作室工作人员对辖区失业人员进行了就业技能培训摸底调查。在摸底调查中，摸清有转移就业技能培训需求的对象和人数，特别是未就业高校毕业生和实际失业人员，主要是经技能培训后能够到相关企业实现就业的人群，有针对性地开展定向、定岗技能培训。②

除了进行摸底之外，蒋村街道更是定期对失业人员进行职业技能培训，为文化水平普遍较低、缺乏一技之长的失业人员成功就业增加筹码。

蒋村街道2014年技能培训于4月1日上午在晴川街西湖明珠职业学校第五教室正式开班。技能培训的内容是西式烹饪，历时一个月，蒋村街道共组织了160余名失业人员和就业困难人员前来参加，希望通过技能培训帮助他们增加职业技能，通过考试获得初级职业证书，为以后的就业提供帮助。这次培训激发了辖区失业人员对西式烹饪的兴趣，提高了他们的职业技能，为他们找工作提供了方向。③

(五)对辖区内灵活就业人员进行经济补助

小组组长马路瑶曾在2013年的暑期社会实践中在蒋村街道蒋村花园社区进行挂职锻炼，协助负责劳动保障的社区工作人员开展工作。她的感悟是：

---

① 邹嘉佳.蒋村街道推荐失业人员参加本周日城西银泰城专场招聘会[EB/OL].(2013-07-18)[2015-03-30]. http://iptvlm.zjol.com.cn/o5iptvlm/jiangcun/.

② 蒋奕娟.仕林社区开展失业人员就业技能培训调查工作[EB/OL].(2014-04-25)[2015-05-30]. http://iptvlm.zjol.com.cn/o5iptvlm/jiangcun/.

③ 邹嘉佳.蒋村街道2014年度失业人员技能培训开班[EB/OL].(2014-04-02)[2015-05-30]. http://iptvlm.zjol.com.cn/o5iptvlm/jiangcun/.

> 我在蒋村花园社区主要协助负责劳动保障的社区工作人员工作，空闲时间也帮助负责计划生育的社区工作人员开展了部分工作。这些工作中，最常规的是在西湖区人力资源管理的网上录入蒋村花园社区辖区内灵活就业人员的信息，一共录入了570多份。这是一份很机械也很烦琐的工作，不像辅导小朋友功课等工作那样有趣、那么容易有成果；甚至有些枯燥，因为就是重复地输入编号，然后敲入四个时间段，同样的动作重复近600次。但是，这样的工作，也是社区工作一个很重要的部分。抱着一种为那些没有固定工作、生活较为困难的居民服务的心态（因为这个数据是他们得到政府补贴的计算依据），我提前且认真地完成了这项工作。（马路瑶《蒋村花园社区挂职锻炼感想》）

蒋村街道辖区内各个社区的就业工作人员将灵活就业人员、失业人员的信息都录入系统，根据年龄、困难程度等，这些就业困难人员每个月都可以领取一次金额不等的补助。

三、蒋村街道破解失地农民再就业问题的主要成效

以上所列的蒋村街道在解决城市化进程中失业人员的就业问题的主要做法，均来源于蒋村街道官方网站“蒋村网”的新闻以及小组成员暑假挂职锻炼的感悟，具有真实性、可信度。在城镇化的进程中，部分文化水平较低、没有其他生存技能的农转非居民，因为失去了土地，很大一部分人成为失业人员。蒋村街道通过提升街道和社区就业工作人员的业务水平，使这些工作人员在为失业人员进行就业指导时具有更强的使命感；通过共建人力资源信息并与辖区内企业招聘信息双向互动，蒋村街道为失业人员与企业之间建立起了一个对接平台，有利于企业招聘到所需要的人才，更有利于解决失业人员的就业问题；通过对失业人员状况的摸底以及职业技能培训，使文化水平较低的失业人员具有了一技之长，有针对性地提高了失业人员在再就业时的竞争力；通过对失业人员、灵活就业人员提供补助，缓解了这部分人的生活压力，有利于他们重拾信心、争取再就业。

四、结语

蒋村街道的上述举措的确有效地缓解了目前形势下的就业压力，对构建和谐社会起到了一定的积极作用，也对其他地区解决城镇化过程中的就业问题提供了一定的借鉴。

这些措施所取得的成效是可喜的,但也必须清醒地认识到其作用的有限性。首先,政策不完善的问题仍然存在,蒋村街道所采取的几项措施还没有从制度层面进行设计,未形成制度框架,带有过渡性。只有使现行的措施更加具有针对性、指导性、可行性,并能够长期行之有效,才能够彻底解决居民的后顾之忧,维护社会安定。其次,短期培训所带来的技能提升空间始终是有限的。且不说这些农转非居民的择业观与城市居民有一定差距,随着经济结构的转型升级,以及随之而来的企业技术升级和资本密集程度的提高,企业所能提供的本就有限的吸纳农转非人员的岗位会不断地减少;与此同时,他们的竞争者不仅在技能上高于他们,在经验学识上也可能比他们丰富。如果不能挖掘更多吸纳失业人口的工作岗位,且优先对他们开放方便之门,在各方面为他们提供就业、生活保障,竞争的市场也会自发地将他们淘汰。所以,要解决城市化进程中失业人员的就业问题,还有很长的路要走。

杭州市九堡镇拆迁户再就业问题调查*

一、调研背景

杭州市江干区九堡镇全镇面积15.3平方千米(22950亩),常住人口为2.7万人,加上登记在册和未登记的外来人口,地区总人口已达到8万人左右。2005—2008年,九堡镇进行了大量拆迁工作,城市化进程随着拆迁的推进而逐步推进。仅2007年一年,九堡镇的重点拆迁项目就需交地2630.65亩,拆迁农户1128户,安置农户912户。如此多的人口失去了原来赖以生存的土地,获得了大额的现金赔偿,他们的生活有了怎样的改变?他们的再就业问题如何解决?一些农民的生活水平因为拆迁发生了质的飞跃,他们用拆迁款做生意、做投资,收获颇丰;也有一些人挥霍了钱财,失去了收入来源。

据有关部门的统计,在九堡镇,拆迁户一夜暴富后又一夜返贫者,保守估计有10%。同时,不少家庭因征地款分配不均引发亲情危机,导致夫妻反目、兄弟成仇、家庭失和等。这些因拆迁而在短时期内暴富的农民,在经济上获得一定的补偿后反而失去了更多的东西。

在工业化、城镇化进程中,城郊拆迁户脱离了原有的居住环境,面临着生活习惯改变、再就业难等一系列问题。如果失地拆迁户不能得到妥善安置,就有可能导致社会不稳定或不和谐。因此,考察征地拆迁给拆迁户的生活、生产、就业带来哪些影响,既是解决征地拆迁现实矛盾的需要,也是探索社会良性运转路径的需要。以此为背景,我们小组以江干区九堡镇的失地拆迁户为访谈对象,对九堡镇征地补偿、拆迁安置情况以及拆迁户的再就业情况进行了调研。

---

* 本文由尹欣、程子芮、俞怡君、茅巍威、刘帅合作完成。

二、九堡镇实地调查

调研前期，我们小组通过提前电话联系并邮件提问的方式，联系到了九堡镇政府的工作人员俞德坤同志。2013 年 12 月 6 日，我们来到了九堡镇，对九堡镇人民政府的相关工作人员、拆迁办的工作人员以及九堡镇的几位拆迁居民进行了深入的实地调研访谈。

(一)访谈九堡镇拆迁办办事员俞德坤

小组成员（以下简称“我”）：拆迁前，大部分居民家庭收入的主要来源是什么呢？

俞德坤（以下简称“俞”）：大部分是种地、常规农副业、外出务农、少量手工业生产，也有许多人租房给外来人口获得收入。

我：拆迁后，镇里农民家庭收入的主要来源是什么？

俞：主要是把剩下的没有拆的房子租出去赚钱，或者是用拆迁款去买一些理财产品、基金什么的，保底收入也有 8%左右吧。另外，拆迁土地的 10%，由村集体集中打理，拆迁户成为股东，这种村集体经济的收入也会分红给村民。

我：您可以介绍一下拆迁户的基本家庭情况吗？比如几口人、年龄、教育水平等。

俞：一般年龄大的村民是初中到高中学历，年轻人有一些是大专学历和本科学历；大部分家庭都是 4～5 口人。

我：拆迁后他们能获得多少补偿呢？愿意接受吗？

俞：拆迁后的安置房分配是按人数计算的，每人 55 平方米，独生子女算两人，安置房小区大多数是高层。90%的人是乐意接受的，拆迁给村里带来了发展机会，调整了产业结构；拆迁户得以住进高层、大安置房小区，提高了生活品质。

我：各年龄层次的拆迁户的再就业情况怎么样？

俞：失地农民就业形势较严峻，年龄结构两极化。老年人文化程度低、无专业特长，导致他们再就业难度大，就业选择少。那些原本在公司或工厂上班的村民受拆迁的影响较小，那些原来依靠农地为生的拆迁户面临失业，政府也有一些相关经济补偿与劳力安置举措。但是，较为可观的赔偿金与物质保障使拆迁户产生了一定的心理膨胀与依赖，“一夜暴富”推动了超前消费，部分拆迁户甚至大肆挥霍、醉心赌博。

我：政府是否设立服务机构来帮助拆迁户再就业呢？是否有相关企业带动

拆迁户再就业？

俞：有的，社区里的公益性岗位首先会考虑拆迁户，满足过渡期人口工作需求，附近的相关项目、开发区、四季青等商场也会提供许多就业岗位。

我：除现有分房模式或提供赔偿金，是否考虑通过其他政策补偿拆迁户？

吴：我们现在为一些失地拆迁户提供就业技能培训，帮助他们获得劳务性的收益，但目前这方面的收益还不是很多。就业难的主要原因在于拆迁户的就业素质较低，缺乏劳动技能。因此，我们认为非常有必要对失地农民实行就业扶助，通过职业技能培训增强就业和创业能力，实行优惠政策降低其就业、创业成本。

（二）访谈相关拆迁户

通过拆迁办的俞德坤同志，我们找到了村里的活动中心，对在那里的几位拆迁户进行了采访。

本文作者（以下简称"我"）：拆迁有给您的生活带来哪些方面的影响或者不便吗？

拆迁户（以下简称"拆"）：有的，生存状态和生活习惯发生了一定变化，以前习惯了种地，现在闲下来不知道该做点什么。从原来单家独户的小院子到现在的安置小区集中居住，造成许多不适应。

我：是否有再就业的打算？有没有一技之长？

拆：这个因人而异的，大部分人没有一技之长。拆迁对原先有稳定工作的拆迁户影响较小，对原先以农地为生的拆迁户影响较大，他们面临失地问题，需要考虑再就业，非常希望能有一些相关的就业培训。

我：您对拆迁持怎样的态度呢？拆迁是否会损害您的利益？

拆：基本上还是满意的，财力得到了满足，拆迁户获得房源与可观的赔偿金。但过渡期给拆迁户造成一定不便，如拆迁户需要自己租房住。

我：赔偿金的主要支出是什么？

拆：有些人拿钱去干正事了，开个小饭馆做个小生意什么的，做得非常红火，但也有些人大肆挥霍钱财，不善于经营生意，沉迷赌博又没有其他稳定生活来源，单纯靠出租房维持生活，很快就又穷了。

三、拆迁户再就业问题严重的原因

（一）"一夜暴富"是表面原因

拆迁后，大量的补偿金发放到九堡镇农民的手里，较高数额的补偿金刺激了超前消费和一次性消费。随着经济市场化和就业社会化，项目区的土地征用征收工作普遍采取货币到人的方式进行补偿安置，这种方式存在不少的隐患。当前的产权置换方式，政府本意是帮助失地拆迁户实现补偿费的保值增值，但由于被拆迁户和失地农民不善经营又无其他稳定生活来源，置换的房产不能实现持续的资产性收益。许多人“一夜暴富”后的大肆挥霍，影响了家庭长远发展。一段时间后，一些拆迁户只能以卖房维持生活，这使失地农民又一次陷入了贫困。

（二）拆迁户不适应新生活方式是直接原因

一些失地农民难以适应新的就业方式。生活环境、生存方式以及生活习惯发生的巨大变化，给他们带来了诸多不适应。面对多样化的现代城镇就业要求，缺乏专业技能的失地农民就业难度进一步增大。而即使找到一份长期临时工的工作，他们也往往享受不到现有的养老、医疗保障等基本待遇。

（三）拆迁户文化程度不高是根本原因

失地拆迁户文化程度普遍不高，绝大部分无专业技能特长，是再就业难度大的根本原因。拆迁后，由于再就业培训工作没有及时跟上，没有形成一套行之有效的就业培训机制，再加上农民的自主创业缺乏政策支持，因而很难实实在在地支持失地农民自主创业。

四、帮扶拆迁户再就业的对策

在中国特色社会主义建设的过程中，拆迁是城市化进程中难以避免的一步。如何做好拆迁工作，更好地服务和帮扶拆迁户再就业？我们认为，应从以下三个方面入手。

首先，政府要做好拆迁户的就业服务与就业指导工作，如提供政策咨询、技术指导、就业服务、权益保障等后期扶持。其中，就业指导和培训是重中之重，提高拆迁户的素质是再就业问题最根本的解决途径。从制度建设方面来说，建议设立全市城市化综合协调领导机构，形成党委、政府总揽，各级领导负责，有关部门参加的工作推进机制，使城市化推进过程中镇转城、失地人员生活和就业等一系列问题得到妥善解决。各政府部门需要明确责任，搞好调查，因地制宜地制定具体的实施方案。比如，劳动部门要切实落实这部分人员的再就业问题，文化部门要承担起失地农民的再就业知识技术的宣传教育工作，切实提高失地农民的就业素养，提高劳动技能，同时，宣传部门要做好农村再就业的宣传工作，并且联系当地企业和社会力量，帮扶失地农民再就业。

对于再就业培训的具体实施措施，我们认为，可以参考宁波市北仑区的经验。通过电话访谈的方式，我们了解到，当地政府对被征地人员、本区农村劳动力参加创业培训、职业指导、公益性岗位培训等活动的培训经费给予全额补助；对被征地人员取得相应国家职业资格证书的，初级工、中级工、高级工、技师、高级技师分别给予300元、500元、800元、1000元、1200元的奖励。通过鼓励参与培训促使被征地人员掌握一技之长，实现再就业。

其次，要对拆迁地周围可吸纳失地拆迁户就业的企业进行适当的政策引导，鼓励一些简单的制造业工厂或农产品加工工厂在周围落户，为当地农民提供较多的就业机会。同时，通过加大补偿力度，鼓励用人单位招用大龄被征地人员。比如，浙江省一些地区的政府规定，用人单位招用大龄被征地人员，并签订一年以上劳动合同，可给予用人单位每人每月200元用工补助。这一措施对吸引企业落户并招收当地失地人员非常有效。

最后，政府也要鼓励农民自主创业，如提供一些小额创业贷款或者创业培训等。具体来说，对失地农民中的能工巧匠和有一技之长者，结合各自特点制定优惠政策，鼓励自主创业。与此同时，无偿提供创业培训，提供小额担保贷款，为法定劳动年龄内的农转居人员办理失业证和再就业优惠证，保证失地农民在再次失业后，也能够享受失业保险待遇，消除他们的后顾之忧。

我们坚信，通过政府和当地人民的共同努力，一定会将九堡镇建设得更加美好，浙江省城市化的进程一定会更加顺利。

杭州市“仁爱家园”建设情况调查

——以都市水乡阳光庇护中心为例*

一、调研背景

精神疾病的防治和康复是精神卫生事业的重点关注方向，然而大量的智力障碍人群和精神疾病患者因不愿或不能就医而游离于监管范围之外，一种新型的“三疗一教育”的工疗站模式因此而建立，社区成为精神治疗和康复工作的主体。

杭州市在20世纪八九十年代开始对这一模式进行探索，自首个城区工疗站建设至今，已有20余年历史。2010年10月10日，工疗站更名为“仁爱家园”。至调查时，全市登记在册的“仁爱家园”增至77家，服务对象达2163人。

据不完全统计，杭州市有智力、精神残疾人70630名，在册的有37489名，而77家工疗站仅托管了2163名智、精残疾人，占在册智、精残疾人的5.77%；大量的智、精残疾人留置在社会和家庭之中。

基于此，我们小组选择拱墅区祥符街道工疗站作为案例开展调研，采用深度访谈的形式对该工疗站进行考察，分析其现状并提出建议。

二、拱墅区祥符街道工疗站工作概况

拱墅区祥符街道工疗站又叫“都市水乡阳光庇护中心”，位于映月社区水碧苑4幢商铺，占地面积达679平方米，总投入逾1400万元，2010年筹建，2011年7月26日正式启用，分爱心食堂、储藏室、工疗室、活动室、电子阅览室及器

---

* 本文由秦诗画、顾硕朋、周欣霓合作完成。

械室、医务室、音疗室、心理诊疗室、监控管理室等8个功能区域。

1. 接收对象

主要接收辖区内16岁以上无职业、无固定收入、病情稳定、生活能够自理的智、精残疾人进站接受工疗康复，现已与辖区内35名智、精残疾人员（其中精神病患者占40%）签订了康复协议。

2. 照顾形式及收费情况

照顾时间为8:30—16:00，提供午饭；每周一、三、五提供水果；每月50元的管理费，主要出于设置门槛的需要。

3. 工作人员安排

配备中心站长、监管主任（均为兼职）各1名，管理人员3名，厨师1名，并聘请精神卫生医生1名，通过建立健全岗位责任制，为残疾人提供专业看护，配合治疗。精神卫生医生需有营业执照，为退休返聘员工，有一定的社会资源、社会阅历，与医疗单位有一定联系。5名非兼职员工属于公益性岗位，每月只拿最低生活保障1470元，没有生活补贴。

4. 服务内容

工疗站为工疗员提供药物治疗、娱乐治疗、工作治疗和文化教育服务。

(1)药物治疗。工作人员监督工疗员定时定量服药，精神卫生医生按时检查病情，辅以精心护理，使工疗员得到有效治疗。此外，工疗站每年会为工疗员安排体检。

(2)娱乐治疗。组织唱歌、做广播操、外出春（秋）游、联欢等文体活动，培养工疗员的良好情绪，提高参与兴趣，促进身心健康。工疗站一直和浙江树人大学志愿者、浙江大学云峰青年志愿者、杭州网义工分会保持联系，每周举行联欢活动，讲授简单课程，培养工疗员的社会交往能力。

(3)工作治疗。安排工疗员从事一些简单、安全的生产劳动，如制作景泰蓝、丝网花等，并根据每人的劳动量给予一定的报酬。工疗站曾与银泰城西店合作，出售学员制作的景泰蓝。

(4)文化教育。工疗站为工疗员提供了比较多的特色服务，如文化课、声乐课、丝网花制作课等。由映月社区主办的工疗站首期《仁爱家园》简报于2014年4月29日出刊，为社区工疗员提供了一个自我展示的平台。

5. 工作管理

工疗站设立积分评比制度，工疗员有机会获得课堂表现积分、值日生积分、工疗产品制作积分以及才艺表现积分；还设立了星级评比制度，每周末都会评比“劳作星”“守纪星”“才艺星”“环保星”，充分调动在站学员的积极性。

三、杭州市“仁爱家园”建设的主要成效

1.建立了“托养＋工疗＋就业”的残疾人服务新模式

这一模式解决了对工疗员的日间照料、康复训练问题，还为工疗员提供了稳定的收入来源，使其成为自食其力的劳动者。简单的劳动训练使工疗员的社会适应能力逐步恢复，生活自理能力逐步提高，为其重返社会、参与社会活动提供了平台，有利于整个社会的和谐稳定。

2.工疗站建设走向规范化

2010年10月10日，《杭州市“仁爱家园”管理办法（试行）》发布后，工疗员的日间照料逐渐步入了政府规范化管理的轨道。目前，“仁爱家园”工疗站都已经按公益性社会福利机构完成了事业单位登记工作，进一步规范和促进了机构建设。

3.经费有了保障

2010年10月10日，《杭州市“仁爱家园”管理办法（试行）》明确了“仁爱家园”的补助标准：基本补助5万元＋实际工疗员人数×托管费补助0.3万元/(人·年)；实行独立财务账户法定代表人签批负责制度，确保残联补助资金及时、足额到位。资金从残疾人就业保障金中安排，由市、区按1∶1比例配套，至此，杭州市对工疗站的补助经费由原来的每年400多万元提高到每年500多万元。

4.理顺了管理职责

《杭州市“仁爱家园”管理办法（试行）》的出台理顺了“仁爱家园”的管理职责。“仁爱家园”实行属地管理，各街道（乡镇）办事处（政府）负责本辖区“仁爱家园”的日常管理，各级民政部门和卫生部门负责业务指导，民办“仁爱家园”实行自主管理。

四、杭州市“仁爱家园”建设存在的问题

第一，物价不断上涨，尤其是员工工资的上涨导致经费紧张，经费问题又影响工疗站硬件设施的改善。

第二，工作人员数量少，管理人员没有受过专业的技能培训，监管力度不足。师资力量不强，对于精神残疾人员，一名精神卫生医生不能满足需要；对于智力残疾人，无康复师便很难进行康复训练。

第三，供需矛盾突出。水碧苑在册智、精残疾人390名，精神病患者97名，智力残疾患者135名，占拱墅区残疾人的四分之一以上，一家阳光庇护中心完全不能满足需要。就杭州市来说，全市智力、精神残疾人有70630人，目前工疗站的数量远远满足不了入住需求。

第四，工疗员自身面临的社会困境。目前，祥符街道工疗站学员康复率为零，杭州其他开办较早、工作开展得较好的工疗站康复的工疗员为2～3个，而企业大多不愿意招聘康复的工疗员，福利企业数量也越来越少。

第五，工疗员家属配合度低。工疗员在家时，家属害怕药物会产生副作用而不愿意让其服药，导致病情不稳定。

此外，以下问题也值得注意：政府政策对残疾类型存在偏向性，相应制度有待完善；地区间发展水平不均衡，工疗站内硬件设施欠缺；工疗站的社会依存度低，社会歧视问题依旧严重；区残联发放的康复用品用具对部分工疗员不适用，学员若自行购买，则不能得到资金补助；工疗站活动场地存在一定安全隐患；等等。

五、杭州市“仁爱家园”发展的建议

1. 完善管理机制和职责

首先，建议政府进一步强化精神病防治康复工作办公室的职能，依靠民间力量，共建同扶，形成多元化的社会精神病防治康复力量。其次，建议政府对市内各工疗站及智、精残疾人员进行全面深入的调查，完善已有的模式和制度，尽量使地区间、不同残疾类型间的资源均衡配置。

2. 增强人员配置

首先，通过向社会公开招聘或接收应届毕业生等办法，将一批有学历、富爱心、善管理、懂业务的年轻人充实到工疗站管理岗位中来，提高他们的工资待遇，以待遇留人。其次，充实工疗站的精神卫生医生、康复师队伍。

3. 加大社会支持力度

首先，政府要加大对“仁爱家园”的宣传力度，提高市民对工疗站的认同度；工疗站要与社会建立多渠道的联系，加强与社会志愿者及共建单位的合作，并主动寻求社会公益团体及高校社团的支持。其次，从工疗员的家庭支持系统的建立做起，对工疗员的家庭给予足够的支持，使他们对精神疾病有充分、正确的认识，能够应对因照顾工疗员而带来的困难和压力，从而更有效地促进工疗员的康复。再次，采取有效措施切实解决工疗员的就业问题。建议镇(街道)与辖区的企业联系，选择简易安全的手工制作项目，由企业发给他们基本工资，为他们缴纳养老保险、医疗保险、人身意外伤害保险等保险金。

4.建立政府年度目标考核制度

首先，结合已经实施的残疾人“共享小康工程”，将工疗站纳入政府及精神病防治康复工作办公室成员单位年度目标考核体系，以形成对各工疗站的工作监督机制。其次，实行奖励制度，对年度考核为优秀的工疗站，给予经费或物资上的奖励，调动其积极性。

给外来职工一个“家”

——浙江大学后勤集团领导下的住宿改革*

一、调研背景

在浙江大学各个校区有这样一个群体：他们直接与学校后勤集团签订劳动合同，不能享受学校的分房福利；他们绝大多数是从外地来到杭州的务工人员，和普通的农民工一样，为城市的高房价挣扎着，需要自己解决住宿问题。一些人为了省下200元的月租选择住在离紫金港校区六七千米远的北大桥区域，忍受着上下班的长途奔波，这对于需要凌晨2点起床的食堂早餐工作人员来说，极其不方便；一些人选择了自建的板房作为落脚点，板房违章且不说，其安全性、卫生状况都得不到保障。

为了解决这部分职工的住宿问题，2013—2014年，后勤集团在学校的牵头和统筹下，筹集多方力量和资金，在位于浙江大学紫金港校区蓝田宿舍后的闲置地区，为职工们建了一栋职工宿舍。建成后的职工宿舍共有2层，101个房间，建筑面积达3360平方米，可解决近400名职工的住宿问题。当然，这并不仅仅是为了改善他们的居住条件，后勤集团还在这里配备了文娱、健身诸多设施。

二、浙大后勤集团住宿改革的主要措施

在校党委、工会的关怀下，本着“职工利益无小事”的根本宗旨，学校提供地址，学校水电保障中心承建工程，各级部门提供相应的技术支持，同时，后勤集

---

* 本文由任雨晨、杨健、吴越韬、赵晨曦、王曌文合作完成。

团筹集资金，总体把控。尽管工程时间紧，周边毗邻教工和学生生活公寓，施工过程中，施工组克服了多重困难，对施工细节进行了细致化、人性化的完善，同时严把质量关，安全和文明施工，使职工们以最快的速度和最舒适的心情，搬进他们在紫金港的新“家”。

说这里是他们的家，其实不是说辞，更不是夸张，经过我们的多方采访和调研，入住的职工们普遍认为这里非常温暖，有家的感觉。

(一)给职工提供了一个不必再颠沛流离的庇护所

后勤集团统筹安排，尽量满足每一位职工的住宿要求。由于食堂职工、保安等岗位常常处于调班的工作状态，例如夜班的保安、早班的食堂职工，他们的工作时间往往是别人的正常休息时间，这对于人的工作状态是个考验，良好的休息是必须要有的。相比较从前要么远、要么吵、要么不方便的居住环境，现在他们有了一个在学校周边的庇护所，这解决了他们的后顾之忧。

(二)全方位的居住条件关怀，给职工享受生活的机会

2014 年暑期期间，后勤中心对紫金港校区职工宿舍及玉泉校区职工宿舍进行了改造。职工宿舍除统一配备床、书桌、柜子等常规家具外，空调、数字电视，浴室、卫生间、厨房、职工活动室等相关设施也同步配套到位。而这一切，对于一户人家，每月房租仅仅是 800 元(中等价位)，在同样的条件下，这样的价格是远远低于市场价格的。这样一种统一购置、集中安装、集团出资的方式，让职工们既享受到了现代化舒适生活，又省下了一大笔房租。一位刚搬进紫金港校区职工宿舍的困难职工说：“我们夫妻俩月收入 3000 余元，平时省吃俭用，家中儿女多，还有一个儿子在上大学，负担重，搬入紫金港职工宿舍给我们解决了住宿难题，减少了租房开支，感谢后勤集团给我们的切实帮助。”

(三)完善基础设施建设，给予更多人文关怀

在实地的调研采访中，我们发现职工宿舍有乒乓球室，里面有成套的乒乓球运动设施，是后勤集团为职工们提供的；在宿舍周围的空地上，也有和一般小区一样的晨练设施，可谓一应俱全。

此外，后勤集团还为他们提供了娱乐活动室。在这里，职工们可以在闲暇时间上网、看书、交流等，而不再是从前那样工作—休息的单调循环了。

在这样一个“麻雀虽小、五脏俱全”的宿舍中，后勤集团也为他们营造了党风、党建的学习氛围，在宿舍周围的橱窗和 1 楼的大厅展示区中，我们可以看到很多关于党和国家建设的时事与热点问题，职工们在耳濡目染中了解了国家大事。

三、浙大后勤集团住宿改革的主要成效

通过这两年来的改革和具体实施，浙江大学各校区的外来职工居住条件已经大大改善了，虽然这是一项比较艰难和冗杂的工程，但是，它的顺利实施为和谐校园建设打下了坚实基础。

（一）职工认同感增加，队伍比较稳定

职工宿舍的落成，首先享受其好处的就是在各个校区勤勤恳恳工作的职工们。这样一个比较稳定的环境，有利于他们的工作，让承担繁重工作的他们稍微减轻了一点压力；离工作地点近一点，让他们得以腾出更多的时间给家庭，丰富自己的精神生活。生活居住环境的改善，尤其是在浙江大学这样一个优美的环境里，职工们往往没有了以前那种对生活的无奈或愤怒等复杂情感，而是更阳光、更富有朝气，对生活也充满憧憬。

此外，职工们通过互相接触，认识了和自己有共同目标的朋友们，产生了一种社会认同感，能够很好地融入这样一个大环境中。同时，在这样一种环境下，他们知道自己是被这个社会尊重的。他们也是市民，而不是一个陌生的异乡人。

（二）集团凝聚力进一步加强

后勤集团在职工宿舍建造中付出了大量的人力、物力、财力，而这一举措的经济效益和社会效益都十分显著。首先，有利于集团的集中管理，提高了集团的管理效率；同时，也提高了职工的福利，增加了他们的收入。其次，降低了企业职工流动率，提高了职工对企业的认同感和凝聚力，也有助于企业文化建设。

四、结语

改革开放以来，外来务工人员一直是城市的血液，为城市建设提供了源源不断的动力，但是对于他们的关心，我们或许做得还不够，“中国梦”应该是每个人的梦，而外来务工人员的梦不应该仅仅是逃离一个简陋的居住环境。

浙江大学对外来职工居住环境的改革，可以说是一个实现了多方共赢的成功案例，雇佣双方的互相体谅和换位思考减少了外来务工人员与本地居民的冲突，有利于城市文明建设。如果有一天，每一个外来务工人员都能有上述案例中浙大职工的认同感，这个社会就会更加和谐。

金华市小餐饮行业的规范化之路*

一、金华市小餐饮行业发展概况

金华市的小餐饮行业具有悠久的历史，金华汤包、金华酥饼等特色小吃在全国都有一定的知名度，而许多提供家常菜的小餐饮店也以经济、快捷的特点为越来越多的上班族所钟爱，逐渐成为金华市民解决一日三餐的重要选择，变成他们日常生活不可或缺的一部分。可以说，金华人对路边巷口的小吃餐饮店有着一种别样的感情。

但是随着近几年金华江南新区的建设以及江北老城区、旧城改造工程的推进，小餐饮店的脏、乱、差逐渐成为新市貌建设的一个阻碍。如何在新建筑群的建设与保留金华特色小餐饮店之间找到一个平衡点，成为金华市规划局面临的一个重要问题。

另外，金华小餐饮行业的规范程度不容乐观，根据 2012 年“金华市食品安全百日大整治”前的统计，金华市区共有小餐饮服务单位 2486 家，其中无证经营单位 1271 家，无证率为 51.1%。按照金华市的有关规定，小餐饮店为经营面积 200 平方米以下的饮食店。由于从业人员少、经营品种单一、加工过程简单等，许多小餐饮店无法达到发放餐饮服务许可证的标准，部分小餐饮店还存在以下几大问题。

第一，无证无照经营，从业人员卫生意识和卫生习惯差。小餐饮店从业人员大多为外来人口、下岗职工和农民工，人员身份复杂，文化程度低，整体素质不高，加之人员流动性大，造成整治无实质效果。

---

* 本文由陆申一、施雨、翁希莎、何项成合作完成。

第二，经营管理水平不高。例如：有卫生管理制度但不注重落实，有消毒设施却都成了摆设，还有出店经营、污水外流、违章占道等现象，严重影响了小餐饮店的食品卫生和公共场所的卫生。

第三，经营周期短。据不完全调查，金华市区每月新开小餐饮店多达近100家，关门的近80家，这样迅速短暂的经营周期严重影响了相关部门对其进行规范统一的管理。

同时，随着外来人口的涌入，小餐饮店从业者由以前的全部为本地人慢慢变成外来人员占绝大多数，这增加了金华市餐饮行业食品品种的多样性，但由于外来从业者大多为下岗失业或者进城务工人员（其中相当一部分还是社会弱势群体），办证难、监管难的现实问题同时存在，如果金华市政府管理部门一味走"严管重罚、围追堵截"的老路，从业者抵触情绪会很大，势必影响城市的和谐稳定。

看到这一现实矛盾，我们小组决定将其作为分析对象。为了避免纸上谈兵，我们的组员在假期对金华市江北老区部分小餐饮店进行了实地走访，并采访了部分店主，希望能够将课堂上学习到的理论知识与实地走访的调查结果相结合，提出若干具有可行性的建议。

二、金华市小餐饮行业规范发展的主要措施

（一）对金华市区小餐饮店实行星级管理

按照2009年出台的金华市区小餐饮店星级管理评奖办法，经量化分级评分，分值少于60分，不给予评级，需要规范整治与强制取缔；分值60～70分的为一星级单位；分值71～84分，且具备较高档次的餐具消毒保洁设施和"三防"设施，具备"前店后场"形式，并有整洁光亮的店容店貌，为二星级单位；分值85～100分，且功能间（按许可规定）齐全，并有明显标志，面积与加工和供应品种及数量相适应，具备"前店后场"形式，有十分严格的卫生自律措施，卫生部门的各项监督监测合格，未受到较高额度的行政处罚，店容店貌十分整洁亮丽，所有食品从业人员掌握卫生知识，为三星级单位。从无星级（无证）经过经营户自我提升改造至一星级，从一星级提升至二星级，从二星级提升至三星级，将获得一定数额的奖励。

整个评奖过程由各区的街道、社区牵头并组织实施；金华市卫生、工商、环保、城管执法、建设、规划等有关部门按各自职责审核，部门审核意见为一票否决制。参与评奖由经营户提出申请，经过经营户自我提升改造，经各区街道和有关部门审核确定后，由街道会同卫生部门发放奖金。

(二)金华市政府开展专项行动整治

2012年,金华市党委宣传部牵头召开专项整治动员会议之后,街道部门、市行政执法局、环保部门、卫生部门等单位对整治区域进行调查摸底并进行了拉网式检查,督促小餐饮单位自查自纠,组织大小整治行动30多次,发送整改通知书430多份,督促整改单位200多家。金华市行政执法局直属中队从5月份起就对整治区域进行调查摸底,对沿街小餐饮服务业单位展开拉网式检查,对污水外流、出店经营、违章占道、油烟污染等情况有重点地开展先行整治。如对三中路、桃源路、新河路、九铃立交桥周边、西城派出所周边、望春路等重点路段存在污水外流、出店经营等情况的餐饮店组织整治;对东城、西城、江南街道进行了调查摸底,发放整治通告和行业经营单位卫生标准,督促餐饮店自查自纠。市环保部门审批并验收的小餐饮店有95家,对在检查中发现未经环保部门审批和无油烟治理的餐饮店,将根据相关法律法规作出停产、停业的行政处罚。另外,金华市相关部门在2009年、2010年也开展过“食品安全大整治百日行动”等专项整治工作。

(三)对小餐饮服务单位实行备案管理制度

为体现人性化监管、科学化管理、便民为民的理念,2013年,金华市食品药品监督管理局制定出台了《金华市区小餐饮行政指导服务备案暂行规定》,对经营面积80平方米以内的小餐饮服务单位实行备案管理制度,创新提出了将小餐饮服务的“前置审批”调整为事后监督的“备案管理”的解决方案。

三、金华市小餐饮行业规范发展的主要成效

在改善管理模式方面,我们走访了金华江南江北城区新老街区不少餐饮店,发现城管对待合法经营的小餐饮店态度良好,并会对经营执照出现问题或者经营方法存在问题的小店以较友善的方式提出整改建议。受采访的店主们表示,近几年经营中明显感受到政府部门的大力支持。

在专项整治方面,从新闻报道来看,金华市政府各部门从2009年开始,5年内开展了3次大规模的小餐饮行业专项整治工作,同时出台了配套的管理规定,这表明金华市政府对小餐饮行业存在的问题高度重视。但相关新闻报道也指出,这一系列行动并没有根除小餐饮行业的一系列顽疾,各种问题在整治过后有所改善,一段时间后往往死灰复燃。2009年“食品安全大整治百日行动”重点排查的小餐饮店无证无照经营、卫生状况不佳等问题,在2012年的整治行动中仍然时有发现,表明这一问题并没有得到根本的解决。

在推进备案管理制度方面,2013年上半年,金华市食品药品监督管理局全

体工作人员放弃周末休息，根据小餐饮行业的工作规律，强化突击检查，实行网格化监管，督促小餐饮单位按照国家卫生城市的标准整治，发现卫生问题及时督促业主整改。为了方便市民办证，该局开通绿色通道，改变过去由市民到窗口预约办证的模式，由小网格责任人上门提供预约服务。该局还对市区煲庄进行全覆盖检查，对存在的问题进行跟踪督查，确保有关问题整改到位。针对市区酒吧持证率不高的现状，该局还组织人员对亚峰路等酒吧集中区域展开检查，指导业主办理餐饮服务许可证。截至 2013 年 5 月，市区共有 450 余家小餐饮单位拿到了小餐饮经营行政指导服务备案证。其中，金华经济技术开发区小餐饮服务单位的持证率达到 95％以上。

四、金华市小餐饮行业规范发展的经验

（一）整治工作必须常态化

由于有些小餐饮店是小本经营，为节约成本，经营的店面都较小，整治时它们按照要求全部在店内临时经营，但执法队员走后又恢复原状；而且有很多小餐饮店主要做夜间生意，半夜经营也给管理带来一定困难；部分无证的街头饮食摊点利用流动经营的特点大打“游击战”，也成为整治工作的一个难点。对于这种情况，政府在进行大规模整治行动、打“运动战”的同时，还应该使整治工作长期化、常态化。

（二）政府应加以引导和规范

由于小餐饮行业的从业者大多为下岗失业或者进城务工人员，存在办证难、监管难的现实问题，小餐饮行业的存在也方便了金华市民，成为市民日常生活不可缺少的一部分，因此不能走“严管重罚、围追堵截”的老路。金华市政府在这方面做了很多有益的尝试，包括实行星级管理模式和备案管理制度，对硬件基础较好、管理制度较完善的小餐饮店加强引导，通过创建示范店的形式加以推广并力求发挥示范效应，为小餐饮行业的正规化经营提供样本。

（三）注重管理的科学化、人性化

近年来，不同行业的管理部门和经营者发生冲突的消息屡屡见诸报端，对政府部门的形象和管理工作的开展都造成了很大影响。因为小餐饮行业的从业者中外来人口、弱势群体数量众多，对小餐饮行业的规范化管理需要新的策略。金华市相关部门以引导为主，采用了设立“示范店”、实行星级管理和备案管理制度等手段，在管理中以人为本，推出各种便民措施，有效减少了冲突，取得了良好的效果。

“绿色浙江”:从“输血”到“造血”*

一、调研背景

(一)浙江省生态文明建设的大背景

从地理区位上看,浙江省位于我国东南沿海核心地带,亚热带季风性湿润气候加上平原丘陵为主的地形造就了其优美的自然环境、宜人的生态基础。然而,浙江省过去的发展模式导致目前的生态环境较为恶劣。根据《钱江晚报》2014 年对浙江省环境问题进行的长篇专题报道①:环保管理体制失灵、即时应对机制失灵、生态文明建设制度失灵造成山不再青、水不再秀,人们无法呼吸到清新空气已经成为生态文明建设的重要缺位。在这样的大背景下,浙江省政府提出了“建设美丽浙江,创新美好生活”的环境保护思路。

(二)公益组织转型背景

公益组织在我国面临的最大问题就是发展能力受到筹款量的直接限制。一方面,我国公民的公益慈善意识还比较淡薄,社会捐款少;另一方面,我国民政部门拨款效率低,财政支持少。因此,大量的公益组织面临严重的财务管理问题与资金压力。与此同时,由于公益组织在我国目前相关规定下没有理财的权限,因此无法盘活存量资金。“绿色浙江”也不例外,运营十几年,财务问题一直是其发展受限的重要原因。

绿色浙江是一个落脚杭州、扎根浙江、立足全国、放眼全球的专业从事环境服务的公益性、集团化社会组织,由“地球奖”获得者、浙江大学教师阮俊华和他

---

* 本文由吴声豪、单子豪、金茹霞、李逸姝合作完成。

① 高路.浙江生态环境遇到了什么问题[N].钱江晚报,2014-09-02.

的学生、中国青年志愿服务金奖获得者忻皓于2000年6月创建,主要致力于公众环境监督、生态社区建设、环境教育传播三大领域。为了积极配合浙江省委省政府的决策,进一步发挥社会企业公益创新的正能量,“绿色浙江”在近年来提出的“自我造血,转型升级”战略的指导下不断组织新的公益活动,设立了较多既能创造公益价值又能产生经济效益的项目,成为浙江省生态文明建设创新中的典范。

二、绿色浙江自我“造血”的主要措施

绿色浙江在坚持以环境保护为本的前提下,积极将商业思路引入其设立的项目之中,在坚守环境保护使命的基础上又创新引入了自我“造血”、自我发展的任务,设立了多个富有创新性的长期性的环保项目。

(一)举办浙江省青少年绿色营

绿色浙江每年所主办的浙江省青少年绿色营旨在使更多青年人在接触社会伊始就了解环保、热爱环保。与其他类似项目相比,其最大的特点,是已经逐步形成了一种“自我造血”模式。每年由浙江团省委和浙江某地的县级人民政府作为指导单位,引入各级政府环保部门、学校作为协办单位,这样就使营员的部分食宿费用有了保障。同时,营员每年通过媒体报名,需要缴纳600～800元的活动费,主要用于交通、资料、服装、保险和后勤保障等方面的费用。对于特别优秀的营员,绿色浙江还将通过奖励形式返还部分活动费。以上形式充分保证了绿色营项目的资金来源,在资金充足的前提下,绿色浙江根据浙江青少年的普遍状况,通过各项内容安排,在实践中提高活动水平和服务质量,从而吸引更多青少年参加绿色营。

(二)策划德加社区垃圾回收项目

绿色浙江下辖垃圾与再利用小组则进一步贯彻公益利民的思路,于2011年开始在杭州市西湖区德加社区发起垃圾回收项目。这是一个环境友好型项目,小组成员向居民倡议将平日里的餐厨垃圾积攒起来,作为农间田头蔬菜堆肥的原料,一方面实现垃圾资源的充分利用,另一方面也进一步提倡了绿色种植蔬菜的理念。在实际操作中,绿色浙江在杭州郊区的农村找了10亩地,用德加社区的有机垃圾堆肥后种绿色蔬菜,并将蔬菜直接送回德加社区,平价卖给社区居民,形成可持续发展的循环模式。

(三)开办多家慈善商店

绿色浙江于2014年5月开办了春晖慈善商店,这是浙江省首家采用外国

先进公益企业模式化概念打造的民间环保慈善商店。

在慈善商店里，低保困难及残疾贫困等家庭可以持特制“春风卡”购买大米、食用油、米醋、毛巾等生活必需品。

普通市民可以将自家的闲置物品或二手物品捐给商店，获得“春风卡”的同时可以换购部分价廉物美的商品。

慈善商店的场地和前期的装修都由街道提供，后期的物资准备主要来源于居民的闲置物品和爱心企业的认捐，或是联系企业以成本价购买。销售得来的利润则分为三个部分：一是投入下城区慈善分会，二是用于“春晖”的日常运作，三是作为绿色浙江或杭州其他公益组织的项目经费。

在春晖慈善商店成功运营后，绿色浙江还陆续推出了绿浙公益便民超市、春风便民公益超市等公益商店品牌。

三、绿色浙江自我“造血”的主要成效

经过多年的战略布局与成功运作，绿色浙江已经逐渐从过去依赖“输血”走向了自我“造血”的过程。根据2013年绿色浙江审计公报结果来看，其服务收入与会员费收入已经从过去的5%上升到了20%，对政府拨款与社会捐赠的依赖程度进一步降低。

与此同时，各项自我“造血”型公益活动有序推进。绿色营活动覆盖人数不断扩大，2014年开营人数达到400人，是2013年的1.5倍；厨房垃圾回收活动受到了杭州市委宣传部的重点关注，有结合实际情况向全市推广的可能性；而2015年慈善商店有进一步增加分店的打算，目前已经处于选址阶段。

四、绿色浙江从“输血”到“造血”的经验总结

小组采访了浙江大学管理学院党委副书记、绿色浙江联合创始人阮俊华老师，他讲述了实现公益组织自我“造血”的目的：“这不仅是要让公益组织本身的资金保持充裕，使得公益活动可持续发展，更是要让公益组织拿得出钱请得起最优秀的人才，使得公益组织本身实现可持续发展。”这样的解释让我们感受到了绿色浙江在进行公益创新的时候所传递的社会正能量。

以人为本，不仅是要保护人类生存的环境，更要给予人类更好的发展机会。大量的公益组织都因为没有商业思维、盲目依赖社会捐助而最终消亡。公益组织要发挥更大效用、留住更多人才，企业化是一条必由之路。优先公益目标，规范商业行为，可以使公益组织更加健康地发展。

与此同时,从忻皓学长带领的绿色浙江团队的发展过程中,我们更加看到新时代青年对建设中国特色社会主义所作出的庄严承诺:

对外国先进模式需充分结合我国实际情况予以考量,不全盘否定,更不盲目轻信,始终保持对中国国情的贴近;

各项公益活动的展开充分借助各级党组织和政府的先进力量的支持,不单打独斗,更不违背潮流,始终抓住时代精神的核心内涵;

各种困难面前、各方压力之下始终谋变求新,不迂腐僵化,更不望而却步,始终坚持自己的理想信念进行不懈奋斗。

模式创新、定位准确、措施有效、信念坚定,这些都是绿色浙江不断取得新突破的成功经验。

杭州市生态文明建设调查

——以社区垃圾分类为例*

一、调查背景

自 2010 年 3 月 26 日杭州市政府启动生活垃圾分类收集处置工作以来，杭州市政府对垃圾分类工作已投入了强有力的经济和政策支持。为了更深入地了解杭州市主城区垃圾分类的实施情况以及为继续推进垃圾分类政策提供建议，我们小组兵分三路，利用周末时间，通过走访、调查等形式，实地考察了杭州市六个社区垃圾分类的实施状况。

二、各社区关于垃圾分类的主要做法

(一)西湖区古荡街道莲花社区秋水苑小区：家庭试行、循序渐进

1. 主要思路与做法

主要思路为“坚持垃圾分类，从我做起”，采用家庭试行、循序渐进的办法。在实施垃圾分类的工作中，小区主要采取了以下做法。

(1)注重宣传。一是利用公告宣传栏、楼道温馨提示栏、道路灯杆灯箱等硬件设施进行垃圾分类基本常识的宣传；二是通过一次走访、一册介绍、一袋发放“三个一”向居民做好宣传并进行培训记录；三是举行家庭生活垃圾分类培训班，开展垃圾分类知识讲座等系列活动。

(2)健全制度，完善网络。成立垃圾分类领导工作小组，在此基础上成立专

---

* 本文由宋苗婕、王琰、段璨、庄琳珊、熊晓宇、马欣宜、郭蓓蓓、章梦佳、叶薇薇、谢放合作完成。

业指导队伍、义务督导员队伍和巡评小组对小区垃圾分类工作进行指导、检查；采用网格化分片包干制度；建立分层学习培训制，逐层培训、逐层落实。

(3)突出特色，创新举措。在总结和探索中提出“垃圾分类实名制”，后又根据小区居民的要求创新出“随机编号法”，在检查中发现问题，及时公示结果等。

2. 存在的问题

尽管秋水苑小区采取了很多的措施解决垃圾有效分类问题，但是在我们看来，秋水苑小区的垃圾分类工作并未取得很好的效果。究其原因，一是小区居民对垃圾分类的关注度不够，二是小区居民对垃圾分类相关知识的了解不深，三是二次分拣的落实不到位。

事实上，在总结了前面垃圾分类工作的经验与教训后，秋水苑小区于2014年展开了新一轮垃圾分类试点活动。但是仍然存在一些问题，其中最突出的是居民们垃圾分类的自觉性并不高，很大程度上依赖政府、居委会的外在约束力。

我们在调查的过程中可以看到，秋水苑小区为了响应政府的号召，制定了非常全面的垃圾分类推广方案，但方案与现实仍存在较大落差。从长远来看，要进一步完善垃圾分类工作，小区工作者仍需采取更加有效的措施，以提高居民的垃圾分类意识。

(二)下城区朝晖街道稻香园小区：废旧垃圾智能回收平台

1. 主要思路与做法

稻香园小区的主要特色是通过社区门口的废旧垃圾智能回收平台来提高居民参与垃圾分类的积极性。这个智能平台铺设于小区，是专门为社区居民进行垃圾分类提供回收服务的智能平台，主要回收各种塑料、金属、玻璃等可回收再生的资源型垃圾，以及废灯管、废电池、废旧电子产品、废旧小家电等含有毒有害化学物质的垃圾。

在稻香园小区，每户居民有一张垃圾分类积分卡，居民们只要把社区办理的垃圾分类积分卡塞入机器的插卡口，在显示屏上选好“垃圾回收”的种类，机器会马上吐出一张二维码，将二维码贴在打包好的垃圾上，投入指定回收桶内。二维码对应的正是居民的户号，到时积分会打进卡里。

2. 主要成效

运用现代科技手段进行垃圾分类及回收处理，既能促进垃圾分类、保护环境，又能让居民养成垃圾分类的好习惯，还能通过兑换积分获得一定的奖品，可谓一举三得。因为积分兑换对垃圾分类的正确性有要求，社区的厨房垃圾和其他垃圾的分拣合格率明显上升。

自2013年引进这个平台以来，稻香园小区在杭州市社区垃圾分类方面一直走在前列，也是我们所调研的六个小区中成效最显著的，但稻香园小区关于垃圾分类的实用经验并未在其他小区得到有效推广。如何使典型经验得到有效推广，在杭州市推广社区垃圾分类工作中，这也是一个值得深思的问题。

(三)雅仕苑小区

1.存在感很低的垃圾分类“贯彻措施”

在这里我们确实看到，杭州市政府所推行的垃圾分类工作，确实通过各类标语、标识和各居民楼下设置的分类垃圾桶得到了贯彻。但显然，这些“贯彻措施”并未引起大家的注意，“存在感”不强。

从垃圾投放情况来看，很多居民并没有遵循分类标准，投放时常常将一个垃圾袋整个扔进去，分类意识并不明显。此外，对于垃圾桶摆放位置、密度的科学性，我们也存有一定的疑惑。

2.居民看法

在调研过程中，我们采访了一位居住在雅仕苑小区的老爷爷。老爷爷在雅仕苑小区居住已经有六七年了，简单向我们介绍了他了解的情况。

一是宣传缺位。垃圾分类是政府宣传，但实际执行情况并不理想，有形式主义之嫌。

二是垃圾分类回收袋发放不固定。垃圾分类回收袋发放不固定，给居民垃圾分类增加了麻烦，而不固定发放无形中给居民一种“政府对这个事情很随意”的态度，潜移默化中影响了大家的积极性。

三是缺乏激励措施。垃圾分类并不是强制性要求，而是一种自觉行为，业主的积极性并不高，垃圾分类要想贯彻好可能需要建立一套完备的激励措施。

四是住户环保意识不强。雅仕苑小区的住户主要是本地或外来的农村住户，环保意识并不强，所以垃圾分类的推广也有很大的难度。

总的来看，雅仕苑小区的垃圾分类情况不容乐观。虽然雅仕苑小区也响应政府的号召做了一些努力，但是由于物业、居民对垃圾分类的重视程度都较低，垃圾分类在这里依然只是一个口号。也许这恰恰代表了杭州城内大部分社区的分类情况，我们所调研的六个社区，除了前两个社区做得稍佳(也只是稍佳)，其余四个小区都与雅仕苑小区情况类似。虽然近些年政府一直在大力倡导垃圾分类，但杭城的垃圾分类状况仍不容乐观。

三、各社区垃圾分类的主要成效及存在的问题

（一）主要成效

杭州自1986年起就开始探索生活垃圾分类，在分类试点方面走在全国之先。

政府方面，垃圾分类制度逐年完善、措施更加成熟，垃圾分类经验更丰富、试点范围扩大。2013年，杭州市出台了一系列措施来促进垃圾分类的推广。2015年3月起，垃圾分类试点工作在更多小区逐步推进。有些试点小区已经实现奖励机制与监督机制并行的垃圾分类投放模式。同时，政府定期进行垃圾分类检查结果通报。

政府的大力宣传落实到社区，潜移默化地强化了社区居民的垃圾分类意识。除此之外，政府还举办了一系列有影响力的社会活动。这种社会层面的活动提高了市民参与垃圾分类的热情。

（二）存在的问题

但是正如我们在调查过程中所发现的，杭城社区的垃圾分类在具体实施过程中仍然存在着很多问题。首先，后续配套滞后，垃圾分类难走出社区。垃圾运输车的数量跟不上垃圾生产的速度，分类后的末端处理能力欠缺，垃圾焚烧能力欠缺。其次，经济效益低导致“后劲不足”。最后，居民垃圾分类意识不到位，惩罚措施难实行。

四、推广垃圾分类的建议

从我们的调研结果来看，尽管近几年杭州市大力提倡环境保护、提倡垃圾分类，但并没能有效落实到每个社区。杭州的生态文明建设依然有很长的路要走。当然，垃圾分类的推广也不是一蹴而就的，必然经历一个漫长的过程。

关于垃圾分类的推广，有许多发达国家走在我们前面，我们可以借鉴这些国家的一些做法，比如日本在学校内推广垃圾分类教育，持之以恒地进行全民教育；在初步推广的基础上，细化垃圾分类，提高垃圾回收效率。加拿大和芬兰实行严格的奖惩制度，高昂的垃圾处理收费不仅抬高了垃圾制造者的心理门槛，也为垃圾处理工作提供了财力支持。德国加强环保立法，从垃圾分类回收到循环应用均实行私营企业自负盈亏；在垃圾分类源头上实施分类收集、专人指导。

基于此，我们建议将垃圾分类理念纳入国民教育体系，从义务教育阶段开

始抓起;同时,加强环保立法,对不按规定处置垃圾的行为从法律层面进行约束,为垃圾分类的监督和奖惩提供依据。在政府行政工作考核中引入垃圾产生量、垃圾分类率等指标,同时配套垃圾收储设施,增强组织志愿者活动的力度,并建立健全奖惩机制。社区干部可以结合社区垃圾袋的发放工作,不定期对部分居民户进行走访,对其垃圾分类工作执行情况进行考核。

北塘河的风情再现

——以萧山区北塘河治理为例*

一、调研背景

1."五水共治"新政

浙江省委十三届四次全会提出，要以治污水、防洪水、排涝水、保供水、抓节水为突破口倒逼产业转型升级。其中治污水首当其冲，主要是抓好"清三河""两覆盖""两转型"。"清三河"即治理黑河、臭河、垃圾河；"两覆盖"即力争到2016年，实现城镇截污纳管基本覆盖，农村污水处理、生活垃圾集中处理基本覆盖；"两转型"是指抓工业转型、农业转型。与此同时，其他"四水"齐抓共治、协调并进。

在浙江省积极推进各项工作时，省内各地也采取了不同的治理措施。借此新政之风，萧山北塘河的治理进入一个新的阶段。

2.萧山北塘河的基本情况

萧山区北塘河是一条人工河道，于1977年12月开始动工挖掘，为萧山境内西水东调的主要河道(见图1)①。其城区主要河段位于风情大道至通惠路之间，全长20千米，沿途流经8个镇街区，是萧山城区的代表性河流之一。

几年前，该段河道水污染十分严重，水环境生态安全问题较为突出，沿岸公共卫生环境受到了威胁，居民健康受到一定影响。其中主要原因有：沿线企业及民居不合理排污、雨水截留和处理设施不完善使雨水冲刷地表并直接进入河

---

* 本文由杜霞曦、虞梦婕合作完成。

① 董宁，杨葆华，刘新超，等.萧山区北塘河污水污染原因及治理对策分析[J].净水技术，2010(1):51-56.

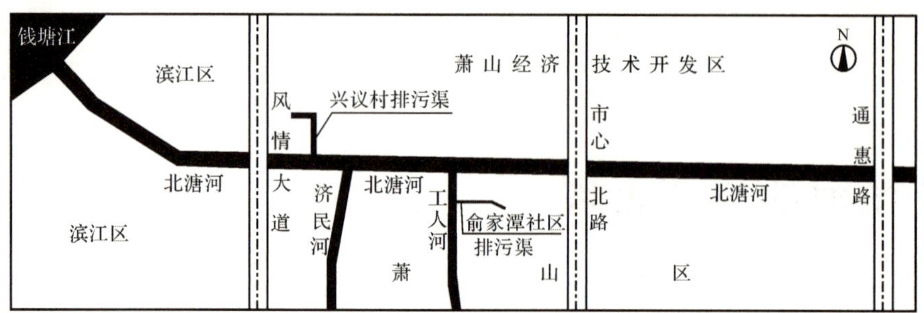

图 1 萧山区北塘河地理位置图

流、通航船舶污染水体等。

近年来，当地相关部门针对该问题采取了各项措施治理河道，取得了明显的成效。

二、北塘河治理的主要措施

1. 通过修建北塘河公园，对河道进行有效治理

北塘河公园的建设是治理的重要内容。公园从三四年前投入建设，位于北塘河南岸，西起风情大道，东至通惠北路，全长 5 千米。目前该公园正在扩建，但一期建设完成的部分已经为治理河道、美化环境做出了贡献。

从风情大道入口走进北塘公园，园内树木郁郁葱葱，主干道蜿蜒前行，各种装饰品点缀其间。据施工工人介绍，园中的树木花草品种繁多，有不少树木从其他地方移栽过来，有几十年的树龄。

公园的修建同时也是对河道进行护岸、加固，保护堤防岸线的安全，控制河势的变化，控制来自景观基地的溶解物质，从而有效地减少来自周围景观基地的各种溶解物质，保证水质，做到了面源污染防治与生态景观保护相结合。

另外，北塘河整治最大的亮点就是全线贯穿沙地文化。北塘河所处地块原先也是围垦地，在向江海滩涂要地的过程中，形成了独特的沙地文化。北塘河整治融合了沙地文化的内涵，公园自西向东分为“坍江岁月”“搏浪斗潮”和“南沙风情”三个板块，体现了这种特色。

北塘河公园通过河道整治与文化园林建设的有机结合，致力于打造横贯萧山新区的大型公用市政设施，为市民提供一处集绿化、景观、休闲于一体，文化特色鲜明的园林长廊公园。

2.实行“河长制”，确保河道治理责任到人

为保障治水工作全面开展，萧山区全面推进全区农村河道“河长制”的管理工作，实行“一河一长”“一河一策”，实现了全区重要河道“河长制”全覆盖，由区、镇、村三级领导担任“河长”。

采访过程中，北塘河北岸兴议村的村支书告诉我们，“河长”的产生是街道先向区政府申请一个责任岗，由街道里至少一个副主任负责这方面工作，然后街道再与各个村签订责任书，各村就在村主任、村民委员会组织中选派一人担任“河长”一职。每个村负责一段河道，河长的主要工作是检查河道周边环境是否符合卫生条件；监督工厂排污情况，与违规企业沟通；接受居民的举报并及时处理。

鉴于北塘河水质保持工作的复杂性和长期性，当地还加强了各部门的协调联动。萧山区河道部会有专职人员以一周两次的频率对河水治理情况和周边环境保护情况进行检查巡视，而河岸两侧各村“河长”及村干部的工作也接受上级镇政府的监督考核（采取评分形式）。

3.其他措施

除一个季度做一次水质检测、定时进行河面垃圾打捞等常见措施外，萧山区还在北塘河的下游设置了拦截垃圾的拦网，由专人定时清理。另外，自开展北塘河整治工程以来，一些违规排放的企业已被关闭，其他企业也受到了不同程度的整顿。

三、北塘河治理的主要成效

1.改善生态环境，提高了人民群众的满意度

生态文明建设是中国特色社会主义事业“五位一体”总体布局的重要一环，科学发展观也要求全面协调可持续发展，强调人与自然和谐发展、经济发展与生态环境保护相协调。

在合理的规划框架下，萧山区对北塘河采取了全面的治理措施，并且借着“五水共治”新风进一步深化治理，使原本曾遭受严重污染的北塘河重新焕发生机。水面几乎看不见垃圾，水质也日渐清澈，河岸一侧的休闲公园基本落成，河道旁工厂企业也逐渐规范排污……正如所有被采访者发自内心感叹的那样，北塘河及周边的生态环境相比几年以前已经有了很大改善。

2. 吸引投资，促进了周边经济发展

良好的生态环境不仅是经济发展的重要基础和前提，更是经济发展的重要推动力。

北塘河水污染治理及其南岸的公园建设使其逐渐转变成集绿化、景观等于一体的生活之河。这一转变已经吸引众多开发商投资开发沿岸高级楼盘，如顺发堤香、绿都湖滨花园等，意在建设一个宜居、拥有“一方清水，一地绿荫”的北塘河板块。另外，河道北岸原有的不少工厂也受到了水治理的辐射影响。可以预见的是，接受整顿并重新进行资源配置的企业将会选择更趋近于资源节约型、环境友好型的发展方式，这对于北塘河板块的经济可持续发展也是利好消息。

3. 创新管理，完善了基层民主自治制度建设

基层民主是社会主义民主广泛而深刻的实践，其中村民委员会是基层自治体系的重要内容。在萧山区环保局及河道部统筹下，北塘河两岸村委会积极创新，明确管理范围，并通过民主选举推出本村“河长”，实行“河长责任制”。与此同时，村民可以充分发挥民主监督作用。如此上下联动，使普通村民、村干部、河长等全都参与到了民主实践当中，而且各方权力均被置于公众监督之下，权力行使更加阳光、透明，具体政策实施也更加有效。

4. 发扬沙地文化，实现了特色传统文化之传承

北塘河的整治尤其是北塘河公园的建设恰到好处地展现了独特的沙地文化历史发展轨迹，同时融入了“奔竞不息、勇立潮头”这种具有时代特色的萧山精神，很好地诠释了历史传承和与时俱进的统一。而且，“沙地文化”本就是从萧山人辛勤劳动的生活实践中所创造出来的，贴近群众、贴近实际，因此北塘河公园及沿岸景观带的建设作为传承并创新沙地文化的载体，对于丰富群众的精神世界、满足群众的文化需求有着不可小觑的作用。

5. 提高生活质量，提升了百姓幸福指数

科学发展观的核心是“以人为本”，习近平总书记提出的“中国梦”也要求提升人民幸福指数，而改善人民生活环境即是提升普通百姓幸福感的重要方法。北塘河的有效治理，使住在周围的百姓享受到了更清澈的河流、更干净的空气，许多人表示河水清了，又能下河游泳了，连心情都变好了很多。对于区政府及各基层组织的有力治理，生活在北塘河周边的百姓都持认可的态度。

四、结语

通过实地考察和采访，我们看到了北塘河治理切实有效的成果，其改变也

是有目共睹的。生活在基层的百姓对此最有发言权，他们口中的“北塘河现在比以前真的好很多”这句话也最有说服力。相信目前的成效与当初萧山区政府的初衷也是一致的，而与此同时，北塘河的治理与 2013 年浙江提出的“五水共治”理念也不谋而合。为此，我们每个人都感到由衷的高兴。

但事物是变化发展的，北塘河治理目前也还只是“在路上”，合理统一的排污渠道尚未建立、区政府权力下放不够导致村委会惩治违规排倒垃圾行为的权力偏弱等问题仍亟待政府解决。但愿今后的北塘河能愈加清澈！

农村垃圾分类怎么进行?

——以金华市澧浦镇后余村为例*

一、调研背景

本次调研活动,我们去了一位小组成员的家乡——金华市金东区澧浦镇后余村。该同学在近几年的生活中切实地体会到了家乡环境的改善,于是便推动了我们此次调研主题的确定。而当我们到达后余村,看到如此清新秀丽的景象时,也实在很难相信这里曾经垃圾遍地。之后我们分成小组,边参观边对当地的普通村民、保洁员、村委会工作人员等进行访谈以获取更多信息,在查阅了相关资料后,完成了这篇调研报告。当今中国的环境问题日益严峻,我们希望这次调查能给环保事业的发展以一定的启示。

二、后余村的过去

后余村是夹在翅膀湖边和东阳江畔的一个小"岛"村。曾经有一段时间,基层政府没有出台系统、完善的垃圾治理政策,当地的老百姓也缺乏足够的环保意识,所以整个村子的生态情况不容乐观。

据村民讲述,过去,大家村前屋后胡堆乱放垃圾,有的稍微做得好一点,将垃圾倒在一个固定点,然后焚烧处理,但这个固定点也往往是村民按就近原则选取的,有时在马路上,有时在池塘边。路边经常可以看到臭水沟,小孩放学经过时都要捂着鼻子赶紧跑开,牲畜也到处跑,每到夏季还蚊虫乱飞。在 2014 年"消灭垃圾河大会战"中,全村河道共清理出垃圾 3 万多吨。问题在水里,而根子在岸上。

---

* 本文由杨国民、蔡浔来、张闻名、宋佳康、徐晓岚、邬颖华合作完成。

农村每天产生的巨量垃圾让垃圾填埋场不堪重负，如果直接焚烧处理则会增加有毒有害气体的排放。村子每年要花费200多万元用于转运和处理这些垃圾，大大束缚了当地的经济发展，且仍是治标不治本。村民的生活和生产活动也因此受到了较大影响，每家每户除了白天工作都不再想着出门，整个村子被一种非常压抑沉重的氛围所笼罩。这一切都给管理者出了一道民生考题：生活垃圾与日俱增，大量农村垃圾该往哪里去？

三、后余村垃圾分类的主要措施

2014年5月，在金华市政府以农村为突破口治理生活垃圾的大背景下，后余村成为金东区澧浦镇首个垃圾分类试点村。这次的试点计划是从源头上解决垃圾问题，对垃圾实行分类、减量化处理、资源化利用三级一体化的治理机制。后余村有155户村民，现在每家每户门前都配有一个可分类的垃圾桶，这成为后余村一道独特的风景线。

实行垃圾分类初始，也常有村民议论，垃圾分类好是好，可怎么分类是个技术活，连一些大城市都没有长久地维持下去，农村怎么能做好呢？而后余村运用经济、科技、文化、制度等综合性手段，推出了一套可持续的全方位治理方案，慢慢消除了当地村民的疑虑。

（一）垃圾“烂”与“不烂”两分类，每家每户配一桶

后余村借鉴了国内外一些城市在垃圾分类方面的经验，因地制宜地采取了“两分法”的优选模式。所谓“两分法”，就是采用农户一级分类加村二级分类的模式。

农户一级分类就是在每家门前都放一个款式统一的垃圾桶，而不是像以往那样以几个家庭为单位按一定距离摆放。虽然这样的举措增加了经济投入，却大大提高了家庭垃圾分类的自觉性，因为有没有按时准确投放，左邻右舍经过一看便知。每个垃圾桶都是一个大桶，里面又放有两个小桶，在桶的边沿分别标有“可回收”和“不可回收”的字样。而细心的我们在观察垃圾桶的时候也发现，字样旁边又分别贴有一枚精致的小标签，相应地写有“能烂”和“不能烂”。村委会工作人员向我们解释，村里大多是老人、妇女和孩子，总体的文化水平并不高，跟他们讲可回收和不可回收，他们不一定能够理解。但能不能烂，基于长期务农的传统，他们是很熟悉的。所以这样的标签设定是非常符合农村的实际情况的，通俗而且易懂。其中一位村民告诉我们，他现在每天晚上睡觉前，都要先把家里这一天的垃圾分好，塑料瓶这些烂不掉的放一起，然后容易腐烂的蔬

菜果皮、厨余垃圾等放一起。等第二天早上去上班的时候，就可以直接扔进相应的桶里了。

村二级分类，就是解决农户一次分类不到位的问题。总有一些村民会分错，所以在集中清运之前，都要重新检查一遍。这也导致了保洁员的工作和以往大不相同了。每天早上，保洁员不再是单纯地挨家挨户收垃圾，还要负责二次分类，仔细检查，对集中回收的垃圾，要按可沤肥、可回收利用、有毒有害、其他等标准分为四类。我们遇到的保洁员阿姨不仅非常亲切地向我们讲述了她平时的工作，还饶有兴致地告诉我们自己用的垃圾车是全村统一配备、经过特殊改装的。我们观察到，三轮车的车斗隔成两边，一边装可回收垃圾，另一边装不可回收垃圾。为减少空气污染、方便倾倒，车斗还加了顶盖和侧门。这样一个垃圾车原来也是有一定科技含量的，不得不让我们感叹后余村对环境卫生工作的重视。

(二)科技兴建处理房，力推垃圾资源化利用

垃圾分好类后，就要减量了。为适应农户居住较为分散的实际情况，后余村实行垃圾就近处理。处理环节分为四类：可回收垃圾由废品收购站有偿回收，有害垃圾设立统一回收点，有机垃圾沤肥处理，其他垃圾按原模式填埋或焚烧。当然，对于其他垃圾的填埋和焚烧，不再像以前那样由村民自己任意选取诸如马路、池塘这样的地点，村委会安排了适宜的固定点。

其中堆肥是垃圾减量的关键部分。农村有垃圾堆肥的传统，在农村推行垃圾分类减量，既可以就地沤肥、就近还田，还可以节省大量运输、处理费用，综合效益比城市更加明显。在后余村，我们看到了一间长约 10 米、宽约 3 米，由混凝土浇筑的房子。走进房子，我们发现内部分为 3 个房间，每间都有一扇铁门。其中一间存放不易腐烂的生活垃圾，另两间则存放易腐烂垃圾。屋顶盖了一块透明钢化玻璃，可以通过阳光照射加快发酵。另外，我们也得知，为了解决太阳能堆肥慢、出肥引蚊蝇及散臭气等问题，后余村利用了浙江大学研发的好氧堆肥加微生物辅助技术，垃圾堆肥时间从 6 个月缩短到了不到 2 个月。在后余村太阳能垃圾堆肥房，经过 40 多天的发酵，我们可以看到堆肥池里的垃圾已经变成了棕色的有机肥。看着这些肥料，我们似乎看到了收获时节农民伯伯脸上绽放的灿烂的笑容。

如今，金东区通过“一村一建”“多村联建”等方式，已经为 422 个村庄配备了 305 座太阳能垃圾减量处理房，实现了全区农村垃圾分类全覆盖。而我们得知，联建的垃圾处理房占地约 1 亩，不算土地成本，建设费用 60 多万元，比每村单独建便宜很多。

除了太阳能堆肥，还有一种机械发酵堆肥的方式。如澧浦镇洪村正利用机器集中处理垃圾。这种方法比太阳能快，24 小时就能将垃圾转为颗粒有机肥，但是需要供电让机器运转。与太阳能垃圾处理房共同使用，堆肥效果更佳。

（三）全村网格化监管，全民共造环保好氛围

垃圾分类减量的执行需要上述策略，但光有策略还不行，毕竟是人在执行，要长期维持，还必须有强有力的监管制度，以及良好的环保氛围。

自后余村全面推行垃圾分类处理以来，村委会创造性地将网格管理应用到实际工作中，推出以村、片、组、户为单位的多级联创工作法，将责任层层分解、层层监督。据村委会工作人员介绍，他们将村子划分出管理片区，建立网格小组，明确专人负责农户，进行挨家挨户的宣传与监督。而他们也透露，垃圾分类推广初期，不少村民的卫生习惯的确难以扭转，常常不能按要求分类，村干部需要花许多精力一户户指导，然后重新分类，有时候还会不定期暗访督查，力推垃圾分类收集处理常态化。

更难得的是，近来在征得村委会的同意下，几位平时闲来无事的大妈成立了一支志愿者服务队，每天巡回检查垃圾分类情况和环境卫生情况。一位志愿者大妈告诉我们，村子里垃圾分类做得好的是小孩和老人，青年人反倒是最难"搞定"的一群人。前两类是留守村子的固定人群，比较好宣传和引导，而学校的环保教育也使小朋友们更加自觉地进行垃圾分类。

同时，后余村以考核为抓手，探索建立了针对村委、保洁员、农户、党员等不同群体的奖惩制度。村委会任务分解后，将网格图张贴在村委会办公楼，谁家垃圾没分类、不到位，就找网格长。村里还建立了环境卫生"荣辱榜"制度，每个月评出 3～5 户卫生保洁先进户和促进户，在村务公开栏上用照片展示出来。关于这一点，村委会工作人员指出，农村是熟人社会，如果因为卫生做得不好而被曝光，村民会觉得是件挺丢人的事，所以村民都很快变得自觉起来了。

另外，后余村特别重视环保氛围的营造。用于垃圾治理的资金筹集不仅有市区财政的补贴，还设立了"共建美丽家园"维护基金，农户每人每年自愿上交 10～30 元。后余村还举行过垃圾分类相关的大赛和讲座，通过"小手拉大手"动员在校学生争做先行者等活动，"垃圾分一分，环境美十分"等标语也随处可见，这些都是在努力营造"环境卫生、人人有责"的良好氛围。

四、后余村垃圾分类的主要成效

现在，当我们走进后余村，一幅村洁、路平、地绿、人善的美丽乡村新画卷在

眼前徐徐展开。荷塘清香扑鼻，路旁绿树成荫，大路小巷卫生整洁，让人神清气爽。在村里想找到一张纸屑都是难事，连苍蝇蚊子都少见了。一位村民甚至说，现在村里环境越来越好了，生活不比城里差。保洁员阿姨也告诉我们，以前有领导到村里检查工作时，自己都要提前把地扫干净；实行垃圾分类后，随便什么时候来村子，地面上基本看不到垃圾。由此可见，后余村经过了近年来的整治，环境得到改善，村民的环保意识也得到了极大的提升。

同时，垃圾减少后带来的是巨大的经济效益。据有关部门统计，后余村所在的澧浦镇实行垃圾分类后，一年可减少垃圾 1.2 万吨，节约垃圾清运费 30 万元，节省补贴支出 24 万元，节约河道保洁承包款 20 万元。而该镇的农村垃圾分类减量，还能使市区的垃圾填埋场寿命延长 3 年多，并且减少了化肥使用量，一年可产出有机肥 2.8 万吨；减少了化肥过度使用带来的土地板结，提升了土地肥力。

澧浦镇后余村所起的带头示范作用是非常巨大的。不到一年的时间，金华垃圾分类试点就从最初的 3 个乡镇扩展到 99 个乡镇。截至目前，全市实行垃圾分类的村庄已遍布各县(市、区)共 1819 个行政村，受益人口上百万，半数农村人口参与其中，垃圾同比减少近七成，金华逐步走出了一条以垃圾分类减量为主的农村人居环境治理的新路子。

五、后余村垃圾分类的经验总结

(一)为优化农村人居环境、改善民生做了有益探索

后余村从源头入手对垃圾两级分类、处理及利用，是非常先进的环境治理理念。尤其是每家每户一个垃圾桶的举措，充分利用了农村熟人社会的特点，保障了实施的有效性。按照"农民可接受、财力可承受、面上可推广、长期可持续"的原则，后余村推行垃圾分类处理不是做单独的"盆景"，而是做处处可学的"风景"，以民为本，让农村真正成为安居乐业的美丽家园。

(二)为科技带动农村生态、经济发展做了榜样

在垃圾处理环节，结合农村现状，变废为肥，不仅充分利用资源促进了生产，还减少了运输的费用。大力发展科技，修建太阳能及机器垃圾减量处理房，运用各种生物技术，带来的是宜人的环境和巨大的经济效益。

(三)为基层干部和普通百姓素养的提升做了贡献

治理实行网格化监管和严格的考核程序，使村干部在村务工作上保持先进性和踏实性，减少了腐败，提高了办事效率，而荣辱榜、筹集治理资金、宣传环保

等方式也大大调动了基层群众参与社会环境治理的积极性，提升了村民的责任感和生态文明意识，有利于构建社会主义和谐社会。

(四)对以乡促城的统筹发展新思路做了拓展

金华市的实践以农村为突破口，从农村人口居住分散、受教育程度不高的实际出发，秉承简单、就近的原则，探索出实用的农村垃圾处理方法，带来的是比城市更强大的综合效益和操作性更强的实践经验。这不仅破解了垃圾围城的困局，还形成了抓点带面的乡村治理新模式。

由于本次垃圾分类是在“美丽乡村”建设的大背景下推行的一系列举措，所以可能在一些特殊问题的细节方面缺乏针对性的考虑。同时，环境问题也是复杂多变的，解决了一桩又会有新的问题出现，所以这并不代表问题已经得到彻底解决，还是需要基层组织和广大农民不断与时俱进、防微杜渐。

后 记

本书是浙江大学“毛泽东思想和中国特色社会主义理论体系概论”(以下简称“概论”)课程教学改革的部分研究成果。从2014年秋冬学期开始，浙江大学马克思主义学院“概论”教研中心积极探索“以‘七个结合’为核心的‘概论’课综合改革模式”，一年以后在全校所有班级推开。这一改革成果先后获得2015年浙江省高等教育教学改革研究项目中的课程改革立项和2016年教育部高校思想政治课教学方法改革项目“择优推广计划”项目立项。该方案前期的主要参加者有高永、潘恩荣、舒泽虎三位老师，他们全程参与了方案的设计和试点工作，后期的参加者有林小芳、宇正香、王晓梅三位老师。2015年秋冬学期以后，教研中心全体教师都参与了课程教学改革。本书的前半部分是方案的基本设计和实践探索，方案主要由傅夏仙执笔完成，高永完成了方案中部分表格的设计和试点时期学生问卷调查的设计工作，潘恩荣、舒泽虎参与了方案设计环节的讨论。

本书中选取的案例来自于教研中心从2013年开始选编的《中国特色社会主义在浙江案例选编》的不同分册，这些案例是由全校2012—2015级不同专业背景的学生以小组方式合作完成的，有些案例编者进行了适当的修改和加工。由于有的学生已经毕业离校，有的学生课程结束后难以取得联系，因此，案例的修改只能由编者来完成，由于涉及的学生人数多、专业广，时间长，一些原始的调查数据能够查找核实的已经尽量核实，有些太早时期的数据已经用新的数据进行替代。同时，由于学生写作能力有限，又是小组合作完成，修改的工作量非常大，尽管如此，很多案例也一定存在不足之处，这是编者深感遗憾的。

本书的出版，需要特别感谢浙江大学马克思主义学院对教学改革的大力支持和各方面帮助，感谢教研中心全体教师的积极参与。同时，也感谢浙江大学出版社陈翩编辑的辛勤劳动和付出。

傅夏仙

2017 年 3 月